ein Ullstein Buch

Vom gleichen Autor
in der Reihe der
Ullstein Bücher:

Die Memoiren des Peterhans
von Binningen (443)
Carneval in Paris (2634)

Curt Goetz
und Valérie von Martens

Die Verwandlung des Peterhans von Binningen

Der Memoiren zweiter Teil

ein Ullstein Buch

Ullstein Buch Nr. 487
im Verlag Ullstein GmbH,
Frankfurt/M – Berlin – Wien

Ungekürzte Ausgabe

Umschlagentwurf: Arno Waissenberger

Mit Genehmigung der
Deutschen Verlags-Anstalt GmbH, Stuttgart

Printed in Germany 1976
Gesamtherstellung:
Ebner, Ulm
ISBN 3 548 02487 4

PROLOG

»Wer mit Humor zu sterben verstünde,
hätte die höchste Stufe der Kultur erreicht.«

Das läßt du deinen Doktor Prätorius sagen,
und ich lese es aus deinem letzten Werke,
der Geschichte des »Peterhans von Binningen«,
dem ersten Bande deiner Memoiren.

Aber von mir wirst du nicht verlangen, Geliebter,
daß ich »dem Herrn aus dem Prolog« humorig begegne.
Doch, da er dir die Feder aus der Hand genommen,
will ich versuchen, das Leben, das glückliche,
das ganz erfüllte Leben an deiner Seite aufzuzeichnen.
Und gelänge es mir, in deinem Sinne
»Ein Lächeln jemand abzuzwingen,
der Herzeleid und Sorgen hat«,
so fühlte ich, daß du noch bist. Und bleibst.

Doch erst noch haben wir das Glück,
dich selber zu hören.

Valérie

DIE VERWANDLUNG DES PETERHANS VON BINNINGEN

Dieser zweite Band beginnt gleich mit einer kolossalen Überraschung für den geneigten Leser.

Der Chronist hat sich nämlich entschlossen, den albernen Mummenschanz aufzugeben und Peterhans, der ja nun, den Kinderschuhen entwachsen, auf eigenen Füßen stehen kann und soll, der schützenden Anonymität zu berauben und ihn von jetzt ab rücksichtslos bei seinem richtigen Namen zu nennen: *Curt Goetz.*

Curt Goetz, Peterhans von Binningen und der Chronist sind also ein und dieselbe Person, ein Drillingsphänomen, der Traum jedes Schaubudenbesitzers. Ein tröstlicher Gedanke, daß es nicht dreimal so etwas gibt.

Um dem geneigten Leser Zeit zu geben, sich wieder aufzurichten, schließen wir erst einmal dieses Kapitel, um dann im nächsten in der »Ich-Form« fortzufahren. Das ist natürlich viel schwerer, weil man sich viel bescheidener geben muß und nicht mehr so viel lügen darf. Der Versuch, bei diesen Erinnerungen streng bei der Wahrheit zu bleiben, brach schon nach den ersten Seiten in sich zusammen, die sogleich eine Langeweile verbreiteten, wie sie nur bei hochliterarischen Werken erlaubt ist. Die Mischung von Wahrheit und Dichtung dürfte also das Problem im Folgenden sein. Der Leser wird es leicht auseinanderhalten können: Was er für unwahrscheinlich hält, wird Wahrheit sein — und umgekehrt.

Im allgemeinen darf man wohl sagen, daß bis auf Daten, Namen und Reihenfolge der Ereignisse so ziemlich alles stimmt, was nicht durch die natürlichen, nicht unerheblichen Gedächtnislücken des Autors sowieso dem Abgrund der Vergessenheit anheimgefallen wäre.

Bei dieser Gelegenheit sei auch betont, daß der Name von sympathischen Personen unverändert der Nachwelt überliefert sei, von unsympathischen je nach dem Grade ihrer Widerwärtigkeit verändert oder ganz weggelassen wird. Aber wir wollten ja dieses Kapitel schließen.

PAPPI

Es gibt Leute, die behaupten, daß man eine Zeit, eine Epoche, nicht nur durch eine Anhäufung von Anekdoten lebendig zu machen versuchen dürfe, sondern die unbedingt von den Autoren wenigstens hin und wieder ein paar Schweißtropfen erwarten.

Bei mir werden sie vergeblich warten.

Ich finde, nichts beleuchtet einen Charakter mikroskopischer als eine Anekdote. Und nicht nur einen Charakter, sondern eine ganze Epoche, in der solche Anekdoten entstehen konnten.

Auch ist die Anekdote der Fabel sehr ähnlich und deshalb nicht so leicht zu erzählen oder gar zu erfinden, wie man denkt, daß sie es wäre.

Und wenn man zum Beispiel *Barnowsky*, meinen ersten Berliner Theaterdirektor, den zu beschreiben ich jetzt gezwungen bin, *nicht* durch Anekdoten behandelt – wie sollte man »Pappi« behandeln?

»Wie alt sind Sie, Herr Götz?«

»Zweiundzwanzig, Herr Direktor!«

»Sehen aus wie vierundvierzig.«

Barnowsky saß an einem auffallend niedrigen Schreibtisch, zupfte an seinen Manschetten – an der rechten mit den nach innen gebogenen Fingern der rechten Hand, an der linken mit den nach innen gebogenen Fingern der linken Hand – und deutete auf einen Stuhl.

»Es sind die Gedanken, die die Stirnen furchen«, scherzte ich Platz nehmend. Dabei bemerkte ich zu meinem Schrecken, das Barnowskys Stirn glatt war wie ein Kinderpopo. Er war überadrett gekleidet. Wie der Rayonchef eines Warenhauses.

»Erzählen Sie mir, welche Rollen Sie in Nürnberg gespielt haben.«

Ich erzählte es ihm.

»Den Rosmer auch? Das muß nicht schön gewesen sein.«

»Nun . . . ich habe in meinem Lehrer ein so hervorragendes Vorbild gehabt, daß ich mit einem blauen Auge bei der Presse davonkam. Das Publikum nahm mir sowieso alles ab.«

»Das wird sich hier ändern.«

»Das ist nicht sehr ermutigend.«

»Nein. – Aber hier ist Berlin. – Hier geht es um die Wurst.«

»Ich freue mich auf den Kampf.«

»Kampf? – Wenn einem Kritiker wie Herrn Kerr Ihre Nase nicht gefällt, sind Sie erledigt. – Wo lassen Sie arbeiten?«

»Bitte?«

»Wer ist Ihr Schneider?«

Gott sei Dank war ich auf diese Frage vorbereitet.

»Ich werde abwechselnd bei Faßkessel und Müntmann und bei Kniže arbeiten lassen.«

»Wer wird Ihr Schuhmacher sein?«

»Breitsprecher.« Hätte ich gesagt, daß meine Anzüge aus dem Kaufhaus und meine Stiefel von Salamander seien, hätte ich im Vorzimmer meine Entlassung vorgefunden.

»Dazu wird Ihre Gage kaum reichen.«

»Ich werde bald mehr bekommen. – Außerdem bin ich nicht ohne Mittel.« Diese Lüge war der glänzendste Einfall meines Lebens.

Barnowsky zupfte mit weitausholender Gebärde an seinen beiden Manschetten.

»Oh!« sagte er. Er erhob sich. Ich bemerkte, daß er durch das Aufstehen nicht größer wurde.

»Darf ich wissen, was Ihr Herr Vater ist?«

»Mein Vater ist tot. Er hinterließ mir eine Kleinigkeit.«

»Da gratuliere ich.«

»Danke.«

Er reichte mir seine zu kleine Hand. Seine Augen waren braun und kalt.

»Also auf nachher, zur Arrangierprobe. Welche Rolle spielen Sie?«

»Ich habe noch nicht nachgesehen. Sie ist mit bloßem Auge kaum erkennbar.«

»Tja ... den Julius Cäsar werden Sie hier nicht spielen!«

»Der Himmel bewahre mich davor. Es ist die undankbarste Rolle der Weltliteratur.«

»So?« Barnowsky dachte einen Augenblick nach. »Sie mögen recht haben!«

»Darf ich für diesmal mich empfehlen?«

»Es hat mich sehr gefreut.«

Als ich die Klinke schon in der Hand hatte, sagte er noch schnell:

»Herr Götz!«

»Bitte?«

»Sie gehen anders, als Sie sprechen!«

»Ich tue – was?«

»Sie gehen anders, als sie sprechen! – Auf Wiedersehen!«

»Auf Wiedersehen!«

»Dunnerknispel«, sagte ich mir, als ich vom Büro durch den Zuschauerraum ins Bühnenhaus zu meiner ersten Probe ging, »so einfach, Herr Götz, ist es nicht, wie Peterhans von Binningen es sich gedacht hat!«

Der träumte von »künstlerischer Arbeit, sechs bis zehn Wochen Probe anstatt zweier, befreit sein von der Qual des allnächtlichen Rollenlernens« und ähnlichem.

Das würde wohl auch stimmen!

Aber das war vielleicht gar nicht das Wesentliche! Hier galt es ja nicht nur, sein Können zu beweisen, es ging darum, sich seine Freiheit zu erkämpfen, sich eine innere Haltung zu schaffen, die einen frei machte, nach innen und nach außen! Das hieß also vorerst:

Die Ohren hübsch steif halten, artig zuhören, sondieren und sich dann nicht an den Wagen fahren lassen!

Wird nicht ganz leicht sein!

Aber *angekommen* wird! Damit meinte mein guter Onkel Rémond, der große Intendant aus Köln, etwas ganz Bestimmtes: Man sollte bis zu seinem höchstens 35. Lebensjahre selbständig, ohne Vorgesetzte, nicht mehr »angestellt« sein! Die Unabhängigkeit späterhin zu erlangen, hätte keinen Sinn mehr. Dann wäre der Rücken schon bleibend gekrümmt vom Buckeln, und man könnte seinen Kopf nicht mehr an der ganz hohen Stelle tragen, wo er hingehört. Auch wären die Freundlichkeitsmuskeln um den Mund herum vom Lächelnmüssen dann bereits verhärtet.

Wie kann ein Mensch wahrhaftig bleiben, wenn er täglich soundso viele Stunden lächeln muß, wo es nichts zu lächeln gibt!

MAX ADALBERT

»Er ist ein Schaute!«

Sagte ein Herr mit einem Klemmer, der die Probentafel studierte. Er hatte eine hohe Stirn und eine Riesennase.

»Bitte?« fragte ich.

»Pappi ist ein Schaute. Lassen Sie sich von ihm nicht verrückt machen. Er hat mehr große Schauspielerseelen auf dem Gewissen als Rosinen im Kopfe. Und das will etwas heißen. Mein Name ist Adalbert.«

»Ich bin ein glühender Verehrer von Ihnen, Herr Adalbert.«

»Ich finde mich auch reizend.«

»Mein Name ist Götz.«

»Freut mich. – Ist er jetzt allein?«

»Ja.«

»Ich will ihm nur sagen, daß er ein Schaute ist. Wiedersehen!« Er verschwand ins Büro.

Bis zum Probenbeginn waren noch zwanzig Minuten Zeit. Ich benutzte sie, um auf das Postamt in der Dorotheenstraße zu gehen. Da kam Adalbert plötzlich an den Schalter gestürzt, riß ein Telegrammformular ab und schrieb wütend etwas auf. Ich duckte mich.

Die Probe begann ohne ersichtlichen Grund mit anderthalbstündiger Verspätung. Vor meinem Auftritt schlug mir das Herz bis zum Halse.

Dann trat ich auf.

»Machen Sie die Türen bei sich zu Hause auch so zu?« fragte Barnowsky aus dem Zuschauerraum.

»Bitte?«

»Ob Sie die Türen bei sich zu Hause auch so zumachen, indem Sie sie einfach ins Schloß drücken, oder ob Sie eine Klinke benützen?«

»Zu Hause benütze ich die Klinke«, sagte ich artig, »weil bei uns zu Hause an jeder Tür eine Klinke dran ist. An dieser Tür ist keine Klinke dran, sondern nur ein Knopf und ein Schnapper. Auch ist diese Tür aus Pappe und geht nach der falschen Seite auf.«

»Abends wird eine richtige Tür da sein, die nach der richtigen Seite aufgehen wird. Wollen Sie die Güte haben, das bitte zu markieren. Nochmals Ihren Auftritt bitte!«

Ich fühlte, wie in meinem Hirn etwas schnappte. Ich ging wieder ab, trat wieder auf, pustete in die Hände und scharrte mit den Füßen.

»Sind Sie verrückt geworden?«

»Nein, Herr Direktor. Ich streife mir nur den Schnee von den Schuhen. Es liegt tiefer Schnee.«

»Woher wollen Sie das annehmen?«

»›So ein Sauwetter‹, habe ich zu sagen, und ›der Schnee liegt meterhoch!‹«

»Das genügt.«

»Nicht wahr?«

»Herr Hainich, sorgen Sie dafür, daß die Rolle umbesetzt wird! Sie sind frei in diesem Stück, Herr Götz!«

»Darf ich fragen warum?«

»Glauben Sie, daß am Hofe Ludwigs des Vierzehnten ein Höfling gewagt hätte ... aber das verstehen Sie nicht! Wegen ungebührlichen Benehmens.«

»*Wessen* ungebührlichen Benehmens?«

»Verlassen Sie die Bühne!«

»Gern, Herr Direktor. Aber der Tag wird kommen, wo Sie mich bitten werden, diese Bühne *nicht* zu verlassen. Guten Morgen.«

Ich wollte gehen, als Adalbert mich in der Kulisse aufhielt: »Bleiben Sie noch 'n Augenblick!«

Er ging an die Rampe und überreichte Barnowsky, der noch immer wütend an seinen Manschetten zupfte, mehrere vollbeschriebene Telegrammformulare.

Barnowsky war sprachlos.

»Herr Adalbert«, sagte er, nachdem er den Inhalt in sich aufgenommen hatte, »Herr Adalbert, ich bin manches von Ihnen gewöhnt, aber einen so pöbelhaft gemeinen Brief hätte ich doch nicht von Ihnen erwartet. Und selbst wenn ich den Inhalt verzeihen würde – Sie sind erregt, weil Sie Ihren Vorschuß nicht bekommen haben –, aber daß Sie es wagen, Ihrem Direktor auf so einem Wisch, auf abgerissenen Telegrammformularen zu schreiben, das vergesse ich Ihnen nie – nie!«

Adalbert senkte den Kopf und verließ beschämt die Bühne.

Abends erzählte man sich in allen Berliner Theatern, daß Adalbert gleich darauf in ein Papiergeschäft gegangen sei, einen Briefbogen mit vergißmeinnichtumrahmten, schnäbelnden Turteltäubchen erstanden und Barnowsky *denselben gemeinen* Brief noch mal geschrieben habe.

Das ist der Ton, mit Hexen umzugehen, dachte ich! Ich liebte Adalbert, der mir so wesensähnlich schien. Die Art, alle Unbill in Humor abzubiegen, es sich dadurch nur bis ans Gefieder gehen zu lassen, sein Gesicht zu wahren und bei aller Liebenswürdigkeit obenauf zu bleiben, das war es! Es machte mich daher sehr glücklich, daß Adalbert mich seinerseits erkannte und mich an sein Herz nahm.

Adalbert war durch nichts aus seiner Ruhe zu bringen. Es sei denn, daß man ihn beim Pokern störte. Das wußten die Kollegen und ersannen einen Streich, um den großen Komiker doch endlich einmal *unter* der Situation zu erleben. So saß Adalbert wie allabendlich im Bühnenklub am Pokertisch und gustierte seine Karten mit Genuß, als der Liftboy zu ihm trat:

»Herr Adalbert möchte bitte für einen Moment rauskommen«, flüsterte er ihm ins Ohr.

Mit einem mitleidigen Lächeln überhörte Adalbert die Meldung.

»Herr Adalbert möchte bitte für einen Moment rauskommen«, kam der Boy nach einer kurzen Weile noch einmal an den Tisch.

»Wohl verrückt jeworn, mein Jungchen«, sagte Adalbert.

»Herr Doktor Fried läßt Herrn Adalbert dringend nur für einen Moment bitten.«

Adalbert stand auf und ging raus.

Doktor Fried, der beliebte Hals-, Nasen- und Ohrenspezialist, stand im Begriffe, eine Naive zu heiraten, eine kleine Dame, die sehr reizvoll, aber auch sehr großzügig – gelinde ausgedrückt – im Verschenken ihrer Gunst war, was ihr Bräutigam mit viel Humor hinnahm.

Der Doktor kam auf Adalbert zu, während sich die Kollegen hinter Säulen und Portieren versteckten, um der kommenden Szene zu lauschen, und flüsterte mit gut gespielt verhaltener Erregung:

»Herr Adalbert. Es tut mir leid, daß ich Sie stören muß. Aber ich habe gehört, daß Sie über meine Braut diese und diese Äußerungen gemacht haben und . . .«

». . . und«, unterbrach ihn Adalbert, »davon kann ich kein Wort zurücknehmen«, ging an seinen Tisch zurück und spielte weiter.

DIE KOLLEGEN – UND NOCHMALS PAPPI

Alfred Abel sprach leicht sächsisch, lernte sehr schwer, konnte nie eine Rolle, sprach zögernd, und was er sprach, verstand er nicht. Das gab seinen Gestalten etwas Überirdisches, etwas, das sich niemand erklären konnte. Seine schönen braunen Augen taten das übrige. Sie waren stets ein wenig zu weit geöffnet – aus Angst vor dem nächsten Satz.

Er und *Adalbert* waren unzertrennlich. Gegen sie war Barnowsky machtlos. Die einzige Reaktion, die Barnowskys Regieblitze bei Abel auslösten, war ein geduldiges Kratzen im After, während er nachdenklich in die Fußrampe starrte.

Zum festen Ensemble gehörten auch der schöne *Theodor Loos* mit seiner herrlichen Stimme und Diktion, *Hans Sternberg* und *Guido Herzfeld*. Er hieß eigentlich *Herzberg* und hatte sich mit den Seinen überworfen, weil ihm der Familienname nicht schwungvoll, nicht künstlerisch genug klang. *Max Landa*, alias Joe Deebs ... aber das erzähle ich nachher.

Um acht Uhr begannen unsere Vorstellungen. Zwischen sieben und halb acht kamen die Kollegen in ihre Garderoben. Es sei noch keinem gelungen, erzählt die Fama, auch wenn er schon um sechs Uhr kam, der erste am Schminktisch zu sein. Immer saß *Robert Müller*, genannt der »Nasenmüller«, schon da, und um seine schöne, sehr charaktervolle, aber auffallend große Nase zu verschminken, klebte er sich eine! Noch über die seine!

Jeder ist anders albern, sagte mein Großvater.

Albert Steinrück, Rudolf Schildkraut, Harry Walden und *Albert Bassermann* spielten als Saisongäste.

Und alles das im »Kleinen Theater«, auf einer Bühne, die nicht größer war als ein Zimmer. Und da sollten keine guten Vorstellungen herauskommen? Aber wo bleiben Barnowskys Verdienste?

O bitte! Er machte alle so nervös, daß sich zumindest niemand in den Vordergrund spielte. Aber man spürte die Kraftreserve jedes einzelnen, wie bei Autos, die 250 Sachen auf der Mühle haben, aber nur 100 fahren. Bei Vollgas hätten sie das »Kleine Theater« in Atome zerspielt!

Damit scheinen mir Barnowskys Regieerfolge und Regiegeheimnisse umrissen.

Man hatte mir gesagt, solange man Barnowsky nicht ernst nähme, ohne ihn dies merken zu lassen notabene, solange könnte man köstlich mit ihm auskommen. Und auf die Idee, Barnowsky ernst zu nehmen, wenn man ihn länger als eine Stunde auf der Probe zu beobachten Gelegenheit hatte, auf die Idee sei noch nie niemand verfallen. (Die doppelte Verneinung ist weder wienerischer Dialekt noch ein Druckfehler, sondern soll hier ihre doppelte Geltung haben!)

Was mich mit Barnowsky später verband, war eine innige Haß-Freundschaft. Was ich an ihm liebte, war seine Theaterbesessenheit, was ich an ihm haßte, seine Talentlosigkeit.

Was Barnowsky an mir haßte, war mein Talent, und was er an mir liebte, waren die Kasseneinnahmen, die ich erzielte.

Barnowskys Proben verliefen ungefähr so: Er kam und arrangierte erst seine Manschetten und seine Krawatte und dann die Stellungen einer Szene, was nicht viel mit »Regieführen« zu tun hat, sondern die Sache eines »Ordnungsbeamten« ist. Und das *war* Barnowsky.

Dann hörte er seinen Schauspielern zu – und staunte! Aber er wollte sich dies nicht anmerken lassen.

Seine Schauspieler merkten es ihm an.

So durchschaut, wurde Barnowsky unsicher und glaubte jetzt unbedingt etwas »verbessern« zu müssen. Und was er verbesserte und wie er es verbesserte, war solcher Art, daß sich jedes Wort erübrigte. Nur Blicke flogen von einem Kollegen zum andern, und Abels obgenannte Verlegenheitsreaktion blieb die einzige Antwort. Trotzdem mußte man eine ganze Weile über Barnowskys Bemerkungen nachdenken, weil mehrere Fremdworte darin falsch angebracht waren. Aber da sich dies stets wiederholte, war man darauf vorbereitet, und die Proben verliefen reibungslos und ohne Diskussion.

Am Nachmittag war man im Café oder in der Wohnung eines Kollegen verabredet und machte dort untereinander aus, wie man diese oder jene Szene spielen wollte. Daran wurde dann richtig studiert und gearbeitet. Und was dabei herauskam, wenn Leute wie Adalbert, Abel, Steinrück oder Harry Walden ihre Ansichten verquickten, das war dann eben großartig und richtiges Theater, für das Barnowsky als Regisseur zeichnete.

Nicht ganz ungeschickt war er im Präsentieren weiblicher Stars, das heißt, man glaubte dies, solange man nicht auf seinen immer wiederkehrenden Trick gekommen war: Er ließ alle Schauspieler laut reden, sehr laut sogar, und dann kam eine Pause und meistens noch eine Pause, und dann sprach ganz ganz leise der weibliche Star seinen Satz, der nun ungewöhnliche Bedeutung bekam.

Probieren Sie das mal, meine Herren Regisseure!

DIE DAME IN SCHWARZ

Joe May, der Filmgewaltige dieser Tage, fragte mich: »Kurt, kannst du eine Augenbraue hochziehen, ohne die andere zu bewegen?«

Da mich diese Aufgabe nicht sonderlich reizte und mein Kollege Landa gerade in Geldnöten war, sagte ich:

»Nein, mein lieber Joe, aber Landa kann das.«

»Gut, Kurti«, gab Joe sofort nach, denn er kannte meine Hartnäckigkeit in diesen Dingen, »aber du schreibst mir wenigstens das Buch für diesen Detektiv, der mir da vorschwebt! Du weißt doch, ich fahre ganz nahe ran: Großaufnahme! Die eine Braue wird langsam hochgezogen, daß es einem den Buckel hinunterläuft! Dazu lasse ich mir viel Zeit, mein Junge!«

»Gemacht, Joe, wenn's niemand erfährt. Gib mir das Buch gleich mit.«

»Das Buch sollst du mir ja schreiben!«

»Nach welcher Idee? Wie soll die Geschichte denn sein?«

»Wie du willst, Kurtl. Das machst du besser als ich.«

Ich schrieb dieses Drehbuch, und Landa zog seine eine Braue hoch als der berühmte Detektiv, dem ich den Namen »Joe Deebs« gegeben hatte. Joe, für Joe May natürlich, was diesen kindisch freute.

Und mich, als Autor nannte ich ... oder so ähnlich. Ich weiß es nicht mehr, denn »Die Dame in Schwarz« schlug ein, und Joe May plante eine ganze Serie, die ich ihm schreiben sollte.

Und auch schrieb.

Jeden dieser Filme unter einem anderen Pseudonym.

Damals hatte ich mir schon meine ersten zarten Sporen als Bühnenautor verdient mit dem »Lampenschirm« – die Uraufführung fand in Leipzig statt – und hatte »Nachtbeleuchtung« auf der Pfanne, nebst einer scharfumrissenen Auffassung von der Kunst des Stückeschreibens. Ich wollte alles dieses nicht durch Schauerdrehbücher, die billigste und leichteste Ware, aufs Spiel setzen. Aber damals brauchte der Film diese Kriminalgeschichten, für mich war es ein Kinderspiel, sie zu erfinden, und es machte mir Spaß, sie sauber zu schreiben.

Vor allen Dingen aber freute mich die Tatsache, daß ich aus jedem meiner Pseudonyme einen *Namen* hätte machen können. Man verlangte mehr von diesem Autor, der so »originelle Einfälle« zu haben schien. »Da kommt einer mit Grips«, schrieb jemand nach der »Dame in

Schwarz«, und nach dem »Roten Signal« hieß es in einem Blatt: »Sehr ähnlich dem Stil von der ›Dame in Schwarz‹«. Das machte mir diebischen Spaß!

Als ich zur Bühne ging, da war die Frage »Künstlername« in der Familie höchst akut. Aber nicht bei mir. Ich *hatte* meinen Namen. Mein Können sollte ihn klingen machen. Und jetzt bestätigte sich mein Gefühl, daß nur der Unsichere einem Namen Bedeutung zumißt. Er weiß in sich, trotz eventueller Anfangserfolge, daß er nichts Eigenes zu geben hat, daß alles zusammengelesen, aus fremden Jagdgründen geholt ist. Hat man eine eigene Handschrift, so dringt sie unweigerlich durch *jeden* Namen hindurch, sogar durch den angeborenen! Nicht wahr, geliebter Tucholsky?

Ich spielte oft selber die Rolle des Bösewichts neben Landa. Ich habe noch manches Photo aus diesen stummen Filmen. Es ist ungemein aufregend, wenn ich zum Beispiel vom Fensterbrett auf den Kronleuchter springe und mich so durchs Zimmer schwingen lasse, um ein wertvolles Gemälde von der gegenüberliegenden Wand zu rauben (einfacher ging's nicht), während Ossi Oswalda in Ohnmacht fällt!

»Der Hund mit dem Monokel«, »Der Mann ohne Kopf«, »Pfarrer Andrews schwarze Dogge«, »Das verhangene Kellerfenster«, »Spuren«, »Das Skelett des Herrn Mauritius«, »Licht im Dachboden«, »Fliegende Schatten« sind einige, von denen ich noch Bruchteile besitze und an die ich mich genau erinnere. »Die Narbe des Herrn Staatanwalts!«

Alles Joe Deebs-Filme, in denen Max Landa eine Braue hochzog und ungemein schauervoll wirkte!

Und Joe May, was war das für ein Kerl! Produzent, Regisseur, Aufnahmeleiter, Kameramann, Beleuchter, Dompteur, alles in einer Person. Er konnte einfach alles und war durch und durch Künstler von unbändigem Temperament. Nur Schauspieler war er, zu seinem größten Leidwesen, nicht, denn sobald er erregt war – und er war immer erregt, wenn es ums Filmen ging, und bei ihm ging es immer ums Filmen –, stotterte er. Nicht nur mit der Zunge, auch mit Händen und Füßen.

Da wurde ihm einmal ganz plötzlich ein Schauspieler krank, und er rief mich um ein Uhr mittags an:

»Ku ... Ku ... Kurti! Du mu ... mu ... mußt mir helfen! Nur eine ei ... ei ... einzige Szene!«

»Ich kenne das, Joe«, sagte ich, »ich kann es nur machen, wenn ich Punkt sieben in meiner Garderobe im Lessingtheater bin.«

»Gu ... gu ... gut, Kurtl. Ich hole dich selber ab.«

Um zwei Uhr saßen wir in seiner Lokomotive – ein Horch war es.

Um halb vier stand ich geschminkt vor seiner Kamera. Um fünf fing ich an zu drängeln und vervös zu werden. Endlich, um halb sechs war ich abgedreht, und Joe brachte mich wieder selber ins Theater. Im Auto schminkte ich mich ab.

Joe fuhr wie der Teufel. Da schien ein Heuwagen aus der Ferne beängstigend schnell auf uns zuzukommen, ohne daß Joe auch nur die geringsten Anstalten machte, zu bremsen.

»Willste drüber weg«, schrie ich ihm ins Ohr.

Und mein Joe, ganz ernst:

»Wo . . . wo . . . wolln wir?«

Dabei fällt mir noch etwas ein:

Am Wannsee-Ufer wurde ein Teil der »Herrin der Welt« gedreht. Ein indischer Elefant brachte die schöne blonde Mia May ins Bild und sollte auf Joes Pfeifen weiterschreiten. Das Tier machte aber nur einen einzigen Schritt, so daß sein Kopf zwar aus dem Bilde war, sein mächtiger Körper aber noch die ganze Szene verdeckte. Die Wärter gaben sich alle Mühe, kein Locken und kein Stichel half. Da sprang Joe hinzu und riß den Elefanten am Rüssel. Der stutzte einen Augenblick und warf dann, in majestätischer Ruhe und in weitem Bogen, unseren Joe – der das gar nicht mitzubekommen schien – über seine Mia hinweg hoch in die Luft, so daß er zu seinem Glück viele Meter weit in den See fiel. Aber im Fluge schrie Joe noch aus Leibeskräften: »Wei . . . wei . . . weiterdrehen!«

VON HELDEN UND HELDENVEREHRUNG

Im »Heidelberger« saß man nach den Premieren und wartete mit Angst im Herzen die Morgenzeitungen ab, denn damals bestimmte die Kritik, ob man weiter im Engagement blieb oder von nun an auf der Straße lag.

An jenem Abend hatte Adalbert einen seiner berlinerschütternden Erfolge beim Publikum gelandet, und am Nachbartisch rieb, ihm zu Ehren, eine Burschenschaft in vollem Wichs einen Salamander. Adalbert prostete dankend hinüber, wollte sich aber weiter nicht stören lassen und sich lieber mit den Kollegen unterhalten.

Doch die Studenten, die alle schon ziemlich voll waren – das heißt, sie waren unziemlich voll –, die Studenten, die hatten es sich in den Kopf gesetzt, Adalbert heute ganz besonders zu feiern.

Einer der jungen Herren stand auf, trat an Adalbert heran und sagte, seiner Sinne, seiner Haltung und seiner Sprache bei weitem nicht mehr mächtig:

»Herr A ... A ... Adalbert! Es ist mir eine ganz besondere Ehre, daß meine Komm ... meine Kommi ... meine Kommilitonen gerade mich erkoren haben, Ihnen, sehr verehrter Herr A ... A ... A ...«

Die letzten Worte sprach er erschüttert, fast unter Tränen, und es war rührend – und noch weit mehr war es beängstigend zu sehen –, wie sich der junge Student bemühte, sein Innerstes dem großen Künstler darzutun, was ihm nun auch gerade in dem Augenblick gelang, als Adalbert endlich seinen Kopf hob, um zu diesem, von Bewunderung erfüllten und, wie gesagt, auch sonst viel zu erfüllten Jungen emporzublicken.

Hätte Adalbert doch wenigstens Bedalbert geheißen! Dieses »A« zu Anfang des Namens, der mit so viel Inbrunst gesprochen war, von allem erfüllt, was dieser sympathische junge Mann in sich hatte, wurde zum Verhängnis für den Schwärmer! Genaugenommen, noch mehr für Adalbert, der nun den vielen schönen Wein, aus zweiter Hand, wenn man das sagen kann, auf seinem neuen Anzug hatte.

Alles sprang auf. Die Studenten stürzten sich auf ihren unglücklichen Kommilitonen und warfen ihn kurzerhand aus dem »Heidelberger« auf die Straße.

Und Adalbert, keine glücklichere Figur in diesem Augenblick, nahm seine Brille ab, um einigermaßen freie Sicht zu bekommen, angelte nach seinem Taschentuch aus der hinteren Hosentasche, da jenes aus der vorderen Rocktasche zu jeder Art Reinigung hoffnungslos erschien, erhob sich und verschwand, um reichlich später wieder zu erscheinen. Und zwar: In Kostüm und Maske!

Die Haare glatt zurückgekämmt und noch feucht vom Waschen, im viel zu weiten und zu langen Gehrock jenes Herrn, der in seinen alten Tagen die Retirade besorgte, zu seinem Leidwesen alternierend mit seiner Frau, einer ehemaligen Tänzerin, was er Adalbert eben bei seiner Reinigungsaktion zu erzählen Gelegenheit nahm:

»Sehn Se, mein Herr, jeder hat doch seene eigene Tragödie! Man möchte doch, wenn man nach Hause kommt, von der schweren Arbeet ... ach du lieber Jott, det scheene Seidenfutta vons Jackett is ja och ...! Nu ziehn Se einstweilen meen Jerock über. Ick wasche Ihn'n det richtig raus, sonst passiert Ihn'n det och noch, wenn Ihn'n dieser Dunst in de Nase steicht ... Da möchte man doch daheeme seine Ordnung und seen Essen vorfinden und vor allen Dingen möchte man doch see Frauchen, seene Ansprache zu Hause haben. Aber se sacht, nach eem so ausjefüllten, tatenreichen Leben ... um Jottes willen, mein Herr, nehm'n Se doch keene Ohdekolonche noch da druff! Die zwee Jerüche zusamm'n, na prost ... nach eem so ausjefüllten, tatenreichen Leben, sacht se, da will se im Alter nu noch so'n bisken dabei sint.«

Adalbert kam, in völlig neuartiger Form sozusagen und erschüttert von dem tragischen Schicksal des Herrn da draußen, wieder an den Tisch. Kaum hatte er Platz genommen, stand der Präses der Studentenverbindung stramm auf, kam auf Adalbert zu und sagte in vollendet preußisch militärischem Ton:

»Herr Adalbert! Gestatten Sie, Ihnen zu versichern ... wie unendlich peinlich es uns ist ... wie sehr wir alle bedauern ... in Gestalt unseres Kommilitonen, – der sich morgen mit einer Ehreneskorte die Freiheit nehmen wird, sich zu entschuldigen ... die für unsere Verbindung seit ihrem Bestehen vorbildliche Haltung verloren zu ...«

»Is ja in Ordnung«, sagte Adalbert.

»Ich bitte Sie im Namen der Verbindung, in aller Form, verehrter Herr Adalbert ...«

»Nu lassen Se man ...«

»Nein, Herr Adalbert, ich lasse es mir nicht nehmen ...«

»Sie weinen ja ooch schon, mein Junge! Beruhigen Sie sich ...«

»Ich kann mich nicht beruhigen, ehe Sie uns, Herr A... A... A...«

»Sehn Se«, sagte der Prinzgemahl der Tänzerin in der Retirade, »det jeht ebent nich! Ohdekolonche noch da druff uff den Naturduft! Wenn een det in de Nüstern steicht, det hält keen Ochse aus!«

Aber zum Glück war Adalberts Jackett ja wieder sauber, und so kam er in seinem schönen neuen Anzug an den Tisch zurück, die Haare frisch gewaschen und gestriegelt, kurzum, wie aus dem Ei gepellt.

Und die Kritiken um sieben Uhr morgens, die mußten nach den Erlebnissen dieser Nacht, da nach Schauspieleraberglauben ein leises Besprühen der Schulter schon genügt, um alles Glück zu bringen, himmelstürmend sein.

JULIUS CÄSAR

Die Premiere des »Julius Cäsar« im Lessingtheater war auch so eine Sache!

Es war mitten im Kriege. Barnowsky hatte mich gebeten, auf den Proben den Cäsar zu markieren, und zwar für Steinrück, der beurlaubt war und erst zu den letzten Proben kommen würde. Ich willigte ein, unter der Bedingung, daß ich in diesem Stück dafür frei wäre. Mit der herrlichen Aussicht auf manchen freien Abend probierte ich mit Wonne. Und ich probierte auch mit Behagen, in dem Gefühl, daß ich die Rolle ja nicht zu spielen brauchte. Beides machte mich frei und unbeschwert, so daß ich auf den Proben sehr sicher und sicher sicherer als allen anderen war, die sich mit ihren Rollen noch herumzuschlagen hatten.

Die Premiere kam näher, aber Steinrück anscheinend nicht. »Darf ich fragen, wann Herr Steinrück endlich kommt, Herr Direktor?«

»Herr Steinrück? Kommt gar nicht, lieber Götz.«

»Und wer spielt den Cäsar?«

»Sie, lieber Götz!«

»Herr Direktor, Sie werden doch nicht... Sie werden doch meine ersten zarten Erfolge hier in Berlin... Herr Direktor, Sie werden sie doch nicht so leichtfertig aufs Spiel setzen und mich in dieser oberfaulsten Rolle der gesamten Theaterliteratur herausstellen! Mit Bassermann als Brutus, Loos als Mark Anton, Sternberg als Cimber und so weiter und so weiter...?«

»Sie spielen den Cäsar, lieber Götz, bitte auf die Bühne!«

Das war unmöglich! Immerhin war man ja in Berlin und nicht in Krähwinkel! Man war am Lessingtheater, neben Reinhardt die höchste Stufe, die zu erreichen war! Und die Kritiker, die da unten saßen! Jeder der Herren ein Könner und Künstler!

Hilfesuchend ging ich zu Bassermann, der mich anmannheimerte: »Du bist kroßartich als Cäsar, kroßartich bist du, Kurt!«

Also... ich ließ mich breitschlagen und spielte den Cäsar.

Barnowsky hatte sich in der Hauptsache mit dem neuen »Sternenhimmel« und den »Massen« befaßt. Letztere waren auf der Generalprobe geradezu bemerkenswert!

Der Premierentag war da, und die meisten der Herren Komparsen, die so wunderbar trainiert waren, mußten ins Feld! Einrücken! Der

Krieg ging eben vor. Es war schwer, Barnowsky dies klarzumachen. Jedenfalls fühlte er sich von der Regierung persönlich gekränkt.

Andere Römer mußten herbeigeschafft werden. Halbe Kinder kamen aus den Schulen, und der Theaterfriseur holte seinen ganzen Fundus an Bärten hervor, um aus ihnen ehrenwerte Bürger und Senatoren zu zaubern. Barnowsky probierte mit ihnen bis fünf Minuten vor sieben Uhr, ließ sich zwischendurch vom Beleuchter berichten, wie weit sein »Sternenhimmel« wäre, und zur Sicherheit versprach er, am Abend selber als Mitbürger zu fungieren, um die »Massen« zu beleben und zu dirigieren.

Die Vorstellungen des Lessingtheaters begannen stets um acht Uhr. Nur diese Premiere sollte schon um halb acht beginnen, doch war in der Aufregung vergessen worden, den Zeitungen davon Mitteilung zu machen. Fünf Minuten vor Beginn stürzte der Beleuchter, freudig erregt, zu Barnowsky:

»Herr Direktor! Een Stern brennt schon!«

Barnowsky schaute auf die Armbanduhr und sagte dann, geradezu heroisch resignierend:

»Machen Sie den auch noch aus.«

Punkt halb acht Uhr ging der Vorhang hoch. Als Cäsar hatte ich gleich in der ersten Szene aufzutreten. Das Parkett war fast leer, so daß ich nicht in so wählerischer Stimmung war zu sagen:

»Laßt wohlbeleibte Männer um mich sein«, sondern lieber gerufen hätte: »Laßt doch mehr Leute um mich sein!«

Diese erste Szene ging also — vorüber.

Darauf folgte »Brutus' Garten«, wobei es Bassermann passierte, daß er sich versprach. Bassermann aber ging nicht, wie jeder andere Schauspieler, darüber hinweg, sondern sagte den Satz noch einmal. Und versprach sich wieder. Aber nun wollte er es wissen! Er trug den Satz zum dritten Male vor, und als er ihn heraus hatte, sagte er verzweifelt — aber nicht ohne vorher seinen berühmten »Schnarcher« anzubringen, dieses Einziehen der Luft durch den offenen Mund, die das Gaumensegel flattern macht: »Hm — 's war wieder falsch!«

Man kann nicht leugnen, daß das Publikum in gute Stimmung geriet.

Cäsars nächste Szene: Das Schlafgemach der Calpurnia. Barnowsky hatte acht Calpurnias ausprobiert. Da ihm keine gefallen hatte, spielte abends eine neunte, die ich bei dieser Gelegenheit das erstemal zu Gesicht bekam und mit der ich folglich nichts anzufangen wußte, obwohl Barnowsky versicherte, sie habe sich von Hainich alle Stellungen einstudieren lassen.

»Glauben Sie mir, lieber Götz, die Calpurnia weiß alles! Ich muß sagen, ich habe Hainich, zu meiner Freude, noch nie so aufgebracht, so aufgeschlossen, ich möchte sagen, so defleuriert aussehend gefunden – Sie brauchen gar nicht zu lächeln, lieber Götz, das ist sogar sehr gut ausgedrückt – wie nach seiner heutigen Arbeit«, sagte Barnowsky, »Sie werden sich überzeugen können.«

Aber es war sowieso ganz unwichtig, denn während dieser intimeren Szene wurde hinten, auf der funkelnagelneuen Drehscheibe, Brutus' Garten ab- und das Kapitol aufgebaut, wobei vergessen worden war, ein Rädchen zu schmieren. Es quietschte, wie wenn man mit steilem Griffel über die Schiefertafel kratzt. Vielen Leuten im Publikum ging das auf die Nerven, weshalb sie sich die Ohren zuhielten. Ein ungewohnter, nicht unorigineller Anblick für die Schauspieler! Ich hätte es selber gern so gemacht. Aber eine tiefergehende Art Nervosität, die unaufhaltsam steigenden Besitz von mir ergriff, gebot mir, meine Ohren den Worten der Souffleuse offenzuhalten.

Nun kam die eindrucksvollste Szene des Cäsar, im Kapitol, die gleich nach der großen Pause liegt.

Barnowsky hatte sich dazu etwas ganz Besonderes ausgedacht:

Ich hatte zu Anfang mit dem Rücken zum Publikum zu stehen, während die Senatoren und Bürger kamen und auf den amphitheatralischen Tribünen, dem Parkett gegenüber, nach und nach Platz nehmen mußten, was eine ganze Weile dauerte. Und das war gut so! Denn als sich der Vorhang hob, war das Parkett wiederum so gut wie leer. Die Einläuteklingel hatte gestreikt. Und wie der Herr Oberbeleuchter jetzt mit fachmännischer Genugtuung feststellte, war sie irrtümlich an den Rundhorizont angeschlossen worden und somit auch der Grund für das Versagen des Sternenhimmels gewesen, der jetzt allerdings nicht mehr gebraucht wurde, genauso wie die Einläuteklingel ihre Aufgabe hinter sich hatte, das heißt: gehabt hätte.

Nun kam noch ein Regieblitz von Pappi: Eine Art Abgeordneter irgendeiner Partei mußte Cäsar einen Papyrus überbringen, sobald die Senatoren ihre Plätze eingenommen hatten. Unserem Inspizienten Seelen war, zu seinem Unmut und zu seinem sowieso zehnfach überlasteten Posten, diese Rolle im letzten Moment zugeschoben worden.

Mürrisch trat er auf. Und auf seine Toga, die er nicht mehr hatte anprobieren können und die für ihn viel zu lang war, weshalb er über sie stolpern *mußte!*

Immerhin stolperte er zum Glück so in meiner Nähe, daß ich gerade noch den Papyrus erwischen konnte, ihn allerdings viel eher aufrollte, als geplant war, um mein Gesicht dahinter zu verbergen. Mein Rücken, dem Publikum zugewandt, soll im gleichen Rhythmus vibriert haben wie die Togen der Senatoren, die ihre Häupter verhüllten. Nach einer geraumen Weile – länger als vorgesehen, es machte das voreilige Aufrollen des Papyrus wett — gab ich das Schriftstück zurück an Seelen, der es mit einer tiefen Verbeugung entgegennahm, sich umdrehte, um abzugehen, wieder stolperte und deutlich vernehmbar und nicht ganz im Stile Shakespeares sagte: »Na so was!«

Auch dieses trug zur Hebung der Stimmung nicht unwesentlich bei. Im Publikum dürften allerdings nur wenige diesen Zwischenfall bemerkt haben. Denn da war unter den Bürgern Roms eine äußerst geschäftige, aufgeregte rote Mütze zu sehen, die mal da, mal dort auftauchte und wieder verschwand, hier einem Bürger etwas zuflüsterte, dort einen würdigen Senator puffte und einen anderen beinahe umstieß, die, wie es den Anschein hatte, einem angenehm Verrückten gehören mußte, so daß man bedauerte, nicht vernehmen zu können, was dieser seltsame Bürger — eine Figur, die man von Shakespeare her nicht kannte, die neu entdeckt oder sogar hinzugedichtet worden war — was dieser seltsame Bürger zu sagen hatte. Oder sollte gerade das auch ein Genieblitz des Regisseurs sein, daß man das *nicht* hören sollte? Jedenfalls wurde laut und herzlich gelacht.

Auch auf der Bühne. Denn hier wußte man, daß diese rote Mütze zu Barnowsky gehörte, der ja versprochen hatte, die Massen anzufeuern, und der sich, ganz gegen den Rat des Garderobiers und des Friseurs, die rote Mütze nicht ausreden ließ, denn er wußte es besser: In Rom trug jeder Bürger eine rote Mütze.

Hier wirkte sie jedenfalls enorm.

Aber jetzt kam endlich, endlich der Augenblick, da Cäsar die Klaue des Löwen noch einmal verspüren lassen konnte! Sternberg, als Metellus Cimber, liegt vor ihm auf den Knien und fleht um Gnade für seinen verbannten Bruder. Der geneigte Leser weiß: Es liegt mir nicht zu übertreiben, weshalb ich unerwähnt lasse, daß Sternberg in dieser Premiere von seinem »verbrrrannten« Bruder sprach. Und dabei hatten wir Kollegen es ihm Hunderte von Malen in der Garderobe, vor seinem Auftritt, eingeschärft: »Sag ja nicht verbrannt anstatt verbannt! Alles kannst du sagen, verloren, verschollen, nur nicht verbrannt! Ja nicht verbrannt! Um Gottes willen nicht verbrannt!«

Aber, manche Premiere hat es eben in sich!

Sternberg fleht — und Cäsar springt auf!

Doch leider so heftig, daß ihm der schöne Lorbeerkranz vom Kopfe rutscht! Alle Würde ist dahin! Die Senatoren verhüllen aufs neue ihre Häupter in ihren Togen, und Sternberg flüstert:

»Armer Kurt, gerade heute hast du allen deinen Bräuten Freikarten geschenkt!«

Cäsar hat seine X Stiche bekommen und wartet nur noch auf den letzten:

»Brutus, auch du?«

Aber Bassermann kämpft am anderen Ende der weiten Bühne mit sich. Es ist ein schweres, inneres Ringen, bevor er sich mit langsam schleifendem Schritt Cäsar nähern kann, der sich schon kaum mehr aufrecht hält und nicht zusammenbrechen darf, ehe Brutus gestochen hat.

Es dauert und dauert, und ich warte und stöhne und wanke. Endlich erhebt sich Brutus' Hand, und der erlösende Dolch blitzt über mir im Rampenlicht. Da flüsterte Bassermann:

»Kurt, jetzt mach noch als amal so: *hrrrr.*«

Jedenfalls »schnarchte« ich glücklich erlöst und brach, nunmehr wirklich halb ohnmächtig, zusammen. Im Sinken hörte ich Brutus' Worte aus weiter Ferne hallen:

»Wie oft wird Cäsar noch zum Spiele bluten?«

Nicht mehr so sehr oft, dachte ich.

Der Vorhang fiel. Der Applaus war, wie man bei uns in der Schweiz sagt, minim.

Ich steuerte auf meine Garderobe zu, um mich schleunigst mit der Frage zu befassen, welchen Beruf ich nunmehr ergreifen sollte.

Herr Doktor Kosterlitz, der Theaterarzt, vertrat mir den Weg. Er liebte mich und hatte stets Worte überschwenglicher Begeisterung für mich bereit, weshalb ich ihn gern mied. Diesmal aber hatte ich ein Lob nötig und freute mich, ihm begegnet zu sein.

Doktor Kosterlitz lächelte sein freundliches Lächeln etwas verlegen, nickte mehrmals mit dem Kopfe und sagte dann:

»Na, wieder lebendig, toter Cäsar?« und verschwand.

Noch ein Dolchstoß, dachte ich.

Da öffnete sich die eiserne Tür vom Zuschauerraum her, und Oskar Blumenthal, der gefürchtetste Kritiker, der »blutige Oskar«, erschien. *Den* wollte ich jetzt *gar* nicht sehen, aber er steuerte geradewegs auf mich zu, und jetzt stand er auch schon dicht vor mir.

Er sah mich über die goldenen Ränder seiner Brille langsam an. Sehr langsam! Dann nahm er sie ohne Eile ab, zog sein Taschentuch hervor, hielt die Gläser gegen das Licht, putzte sie sorgfältig und setzte sie wieder auf. Dann legte der »blutige Oskar« seine beiden Hände auf meine beiden Schultern, was mich zu einem erlösten Lächeln veranlaßte, und dann sagte er bedächtig und mit der Zunge schwer anstoßend, wie es seine Art war:

»Mein lieber Götz, welche Rolle sollten Sie denn ursprünglich in diesem Stück spielen?«

Das war der letzte Dolchstoß an diesem Abend.

DAS LESSINGTHEATER IN BUDAPEST

Wir gastierten in Budapest, mit »Julius Cäsar« und den »Revuemäusen«, einem französischen Lustspiel, waren in einem ersten Hotel untergebracht, und Barnowsky war aufgeregt, als hätte er alle Rollen zu spielen.

Um acht Uhr morgens begannen die Proben für die Komparserie, die man natürlich nicht aus Berlin hatte mitnehmen können, und Barnowsky fühlte sich heute ganz besonders als Reinkarnation Napoleons.

Als ich ins Theater kam, hörte ich schon von weitem, wie *Theodor Loos,* als Mark Anton, mit voller Stimme seinen Text schmetterte. Und dann sah ich von der Kulisse aus, wie Theo sich unauffällig, aber eindeutig den Hals massierte, während er abzugehen hatte.

»Du bist völlig verrückt, Theo«, sagte ich. »Du wirst heute abend heiser sein wie ein übertägiger Nachtwächter!«

»Pappi will es doch«, sagte Theo verzweifelt.

»Dann frag ihn, ob er abends deine Rolle für dich spielen wird! Du kennst ihn doch, wenn man ihm die Meinung energisch genug und im richtigen Moment sagt, gibt er Ruhe! Es kommt ja immer nur auf den richtigen Moment an. Jetzt ist so ein Moment! Das hält doch kein Ochse aus, was du da machst! Ich für mein armes Teil verziehe mich. Man wird ja schon heiser, wenn man dir bloß zuhört!«

Und ich ging. Da rief es auch schon aus dem Zuschauerraum:

»Herr Loos, Ihr Stichwort!«

Und Theo probierte weiter, mit voller Stimme, immer und immer wieder die Stellen, auf die die Komparserie zu reagieren hat.

Um zwölf gab es eine kurze Pause. Man ging in die Kantine. Barnowsky, vornehm, ins Hotel, begleitet von Hubert Hainich.

Hainich war ein besonders reizender Kollege, die Bescheidenheit und Gefälligkeit in Person. Als Schauspieler konnte er so bedeutend »unbedeutend« sein. Unersetzlich aber war er, wenn es galt, einen Mann zu spielen, der »nicht da« war, abwesend, obwohl auf der Bühne. Ich zeichnete unter diesem bleibenden Eindruck meinen Rechtsanwalt Perino, Perino und Perino im »Haus in Montevideo«.

In der Hotelhalle angelangt, wurde Barnowsky von einem Herrn angesprochen, von dem er annehmen konnte, daß er um ein Autogramm bitten wollte. Barnowsky lächelte ihn freundlichst an.

»Mein Name ist Kern, Herr Direktor. Ich soll für Herrn Otzen einspringen. Ich habe auf der ganzen Fahrt die Rolle gelernt, und ich glaube, ich kann sie.«

»Das wird sich zeigen«, sagte Barnowsky von unten herab – Herr Kern war um mindestens eineinhalb Köpfe größer als er –, »figürlich entsprechen Sie jedenfalls *nicht*. Hainich, wo kann ich mir den Kern anhören?«

»Ich denke im Schreibzimmer«, sagte Hainich höflich. Im Schreibzimmer saß in einer Nische ein älterer Herr über einen Brief gebeugt, und Barnowsky machte eine ungehalten fragende Geste.

»Ach, Herr Direktor, ich glaube nicht, daß wir den Herrn stören werden«, flüsterte Hainich, rückte in der äußersten Ecke ein paar Fauteuils zurecht und brachte, etwas gedämpft, Herrn Kern das Stichwort. Und Kern sagte, auch etwas gedämpft, aber fließend, seine ersten Zeilen.

Da kamen zwei Hotelgäste herein, in ein anscheinend sehr heiteres Gespräch verwickelt.

Barnowsky sprang auf:

»Also das geht nicht, meine Herren! Sehen Sie denn nicht, daß hier Probe ist?«

Und dann ging er auf den Briefschreiber zu:

»Und Ihre Nervenlosigkeit ist mir völlig unverständlich!«

Alle drei Herren zogen sich verdutzt, lautlos zurück und Barnowsky – *fühlt*e sich.

Aber nicht lange.

Ein vierter Herr betrat das Schreibzimmer, ging auf Barnowsky zu, sagte ihm einiges auf ungarisch, sagte es sehr verbindlich und überreichte ihm dabei drei Visitenkarten.

»Was soll das?« fragte Barnowsky. Und als der Herr merkte, daß er besser deutsch mit ihm sprach, sagte er höflich:

»Eine Forderung, mein Herr, auf Ihr unqualifizierbares Benehmen«, und ging.

Barnowsky stand ratlos mit den drei Dingern in der Hand, überlegte einen Augenblick, sah Hainich an, gab ihm die Karten und sagte hoheitsvoll:

»Erledigen Sie das für mich, Hainich.«

Nachmittags ging die Probe weiter. Da unser armer Theo schon reichlich mitgenommen war, erlaubte Barnowsky – dem die drei Karten vielleicht doch etwas in den Gliedern lagen –, erlaubte Barnowsky ihm, sich nunmehr zu schonen.

Gegen fünf Uhr kam endlich die Szene von Herrn Götz dran, die große Szene des Cäsar, mit Komparserie.

Aber Herr Götz war nicht da.

»Wo ist Herr Götz«, rief Barnowsky, »Herr Götz hat es wohl nicht nötig? Warum ist Herr Götz nicht auf der Probe?«

Und da passierte etwas, das noch nie jemand zuvor erlebt hatte oder danach je erlebte: Unser sanfter, wohlerzogener Theodor Loos stürzte wie ein Berserker an die Rampe und brüllte mit hochrotem Kopfe, daß der Kronleuchter wackelte:

»Weil der nicht so ein Rindvieh ist wie wir!«

Barnowsky war sprachlos und hob die Probe auf. Und Theo hatte an diesem Abend nun wirklich keinen Ton in der Kehle.

DIE POKERPARTIE

Adalbert, Abel, Sternberg und ich fuhren zusammen vom Gastspiel in Budapest nach Berlin zurück.

»Schade«, sächselte Abel, »daß mir geene Gartn mitham, sonst genntn mir bogern.«

»Wieso«, erwiderte Adalbert und tat so, als zöge er ein Spiel aus seiner Rocktasche, mischte, ließ Abel abheben, der auch sofort darauf einging – und teilte.

Jeder nahm seine Karten auf und gustierte.

Sternberg legte gleich nieder. Er hätte heute sicher kein Glück, meinte er. Dann stieg ich aus der Partie.

»Weil du klug bist, Kurt«, sagte Adalbert, in sein Blatt versunken, »wieviel kaufst du, Alfred?«

»Zwei«, war die kurze Antwort, die nebensächlich klingen sollte, um anscheinend einen Drilling unwichtig scheinen zu lassen.

»Ich hingegen brauche nur eine«, sagte Adalbert selbstsicher. Und als er diese eine genommen hatte, schien ein Royalflush perfekt zu sein, wenn nicht sogar Fullhand! Und jetzt begannen die beiden sich hinaufzuresen in die Tausende und Zehntausende, bis Adalbert gefährlich schnell sagte:

»Ich sehe dich! Was hast du?«

Kleinlaut erwiderte Abel:

»Ich habe . . . Buben und!«

»Buben und?« sagte Adalbert, »Buben und . . . sind *guuut!*«

Die Nacht wurde im Schlafwagen durchgefahren.

Beim Auskleiden sagte Sternberg – ich lag schon im oberen Bett:

»Du, Kurt, so gegen vier Uhr morgens kommen wir an die Grenze. Wer geht denn da wegen des großen Koffers an den Zoll?«

»Ich natürlich.«

»Quatsch! Du schläfst. Ich bin wahrscheinlich sowieso wach.«

»Kommt nicht in Frage, ich bin der Jüngere.«

»Eben. Du zeigst hier unsere Handkoffer. Det Ruff und Runter ist nischt mehr für'n älteren Herrn!«

Die Grenze kam, Sternberg ging an den Zoll, und ein Beamter öffnete die Coupétür:

»Nichts zu verzollen?«

»Nein«, sagte ich, sprang vom Bett, holte die Koffer herunter und öffnete sie.

»Danke. In Ordnung.«

Man saß beim Frühstück im Speisewagen, als Sternberg eine große Kiste herrlicher Havannas aus seinem Mantel zog, sich eine ansteckte und mir eine anbot:

»Mensch, Sternberg! Donnerwetter! Wo haste die her?«

»Aus Budapest. Geschmuggelt.«

»Wie haste das jemacht?«

»In deinem Handkoffer natürlich, du Dussel.«

DAS VERGESSENE MONOKEL

Barnowsky war heute auffallend wirsch. Meistens war er unwirsch. Und darunter hatten dann die Proben zu leiden, die Aufführungen, die Schauspieler und die Stücke.

»Es kläbt äm eens am andern«, philosophierte Abel.

Barnowskys Benehmen mir gegenüber änderte sich schlagartig, als ich in einer kleinen Rolle Szenenapplaus bekam und in der BZ von Norbert Fall mit einem ganzen Absatz gewürdigt wurde. Ich hatte einen schwerhörigen uralten Mann zu spielen, der einen einzigen, unzusammenhängenden Satz zu sagen hatte, und ich bat auf der Probe, ob ich mir aus diesem einzigen, unzusammenhängenden Satze wenigstens eine einzige, zusammenhängende Pointe machen dürfe, die nun so hieß:

»Drei Sachen kann ich mir überhaupt nimmer merken:
Das Erschte sind Zahlen, das Zweite sind Namen und das Dritte... das hab' ich vergessen...!«

Von da an behandelte mich Barnowsky wie ein Kätzchen. Er besuchte mich abends in meiner Garderobe, lobte meine Anzüge und Schuhe und erkundigte sich nach meinen Hobbys. Er ließ sich so weit hinreißen, in die Nachmittagsvorstellungen zu gehen, um mich in den Rollen zu sehen, in denen ich mit Abel alternierte, zum Beispiel als Pfarrer in »Professor Bernhardi«. Er war mehr beeindruckt, als er zugeben wollte. Ich hatte diese Rolle schon mit großem Erfolg in Nürnberg auf dem Repertoire, so daß ich ziemlich frei vom Abelschen Vorbild, das ja bei Gott auch nicht schlecht war, spielte. Es kam eine Mischung zustande, die eine schöne Reife vorzauberte.

Kurzum: »Pappi« hatte mich unter seine Lieblinge aufgenommen. Er gab sich große Mühe, es nicht zu zeigen, aber er verriet sich eines Tages eklatant:

»Es wird vom Deutschen Theater angefragt, ob Herr Götz sein Monokel im Büro habe liegenlassen«, wurde gemeldet.

Ich sah Barnowsky bis in die Lackstiefel erblassen.

»Ich habe noch nie ein Monokel getragen«, sagte ich.

Barnowsky unterbrach die Probe und bat mich in sein Büro. Er überschüttete mich mit Vorwürfen. Das sei nun der Dank! Kaum hätte ich unter seiner Leitung die ersten kleinen Erfolge, schon ließe ich mich von seinem Todfeinde wegschnappen!

»Ich habe noch nie ein Monokel getragen!«
»Aber im Büro des Deutschen Theaters waren Sie!«
»Um Freikarten einzureichen!«
»Das können Sie Ihrer Schwiegermutter erzählen!«
»Die weiß es schon. Für die sind sie nämlich!«
»Können Sie mir Ihr Ehrenwort geben, daß, falls Ihnen ein Antrag von irgendeiner Seite gemacht wird, Sie vor Ihrer Entscheidung nochmals mit mir sprechen?«
»Gern.«
»Gut«, sagte er beruhigt. Und wieder einmal reichte er mir seine Hand.
Barnowsky hatte mir einen Floh ins Ohr gesetzt, und so ging ich ins Deutsche Theater.
»Ich soll mein Monokel hier haben liegenlassen, meine Herren?« fragte ich.
»Das war ein Irrtum, das gehörte Harry Liedke! Aber, da Sie gerade da sind, Herr Götz, warum sind Sie eigentlich nicht bei uns?«
»Wieso? Ich bin ja gerade bei Ihnen!«
»Ich meine, bei uns engagiert, Herr Götz!«
»Ich bin bei Barnowsky sehr gut aufgehoben.«
»Bei uns wären Sie es mindestens so gut. Gehen Sie doch gleich mal zu Herrn Direktor Holländer hinein.«
Direktor Holländer war wohl eine der liebenswertesten Erscheinungen am Deutschen Theater, schon seiner unvorstellbaren Zerstreutheit wegen. Er war eine Wonne für den Schauspieler, denn diese Type konnte jeder leicht kopieren. Er sprach auffallend leise, um ein einziges Wort im Satze geradezu explosiv herauszustoßen.
»Mein lieber Herr Götz«, wisperte er mit weit vorgeschobenem Unterkiefer und klein zugekniffenen Augen, »ich höre, daß Sie sich zu uns *engagieren* lassen wollen.«
»Da haben Sie sich verhört, Herr Holländer«, sagte ich bescheiden, »ich habe gehört, daß Max Reinhardt mich engagieren will.«
»Ja *eben«*, sagte Holländer.
»Ja eben«, erwiderte ich, »das ist ein großer Unterschied!«
Holländer sah mich aufmerksam an und flüsterte, sich ganz nahe an mich heranschiebend:
»Was haben Sie, lieber Götz, bei Barnowsky *Gage?*«
»Sechstausend Mark.«
»Wir bieten Ihnen«, sagte Holländer, indem er sich in dem leeren Büro ängstlich nach allen Seiten umguckte und dabei seine geballte Faust bis vor die Lippen hob, »wir bieten Ihnen *fünfe*! Was sagen Sie jetzt?«

»Lieber Herr Holländer«, sagte ich, »ich sage, daß es mir eine große Ehre wäre, bei Reinhardt engagiert zu sein, aber ich kann mich diese Ehre nicht so viel kosten lassen. Ich muß für meine Eltern sorgen.«

»Na *eben*, lieber Götz, wenn Sie...« Da läutete das Telefon, und ich konnte deutlich hören, wie eine Damenstimme fragte, ob Herr Holländer für Frau Eckersberg zu sprechen wäre, worauf Holländer antwortete: »Bitte, Fräulein Mayer, sehen Sie mal nach, ob ich oben im *Büro* bin«, und anhängte. Und da öffnete sich auch schon die Tür, und Else Eckersberg, eine an und für sich höchst nervöse und immer aufgeregte Dame, schoß wie ein Sektpfropfen herein und legte los:

»Herr Holländer! Das geht doch wohl über die Hutschnur! Ich bekomme Urlaub von Reinhardt persönlich! Ich fahre auf meine Hochzeitsreise! Kaum bin ich in Venedig, finde ich schon Ihr Telegramm vor, das mich augenblicklich zurückbeordert. Ich bin verzweifelt, mein Mann, der Baron, ist verzweifelt, aber wir sagen uns, daß der Beruf schließlich vorgehen muß. Ich fahre also wieder nach Berlin und bekomme nun diese Mist-Statisten-Wurzen in die Hand gedrückt! Das geht denn doch zu weit! Wegen dieser zwei lausigen Sätze müssen wir unsere Hochzeitsreise unterbrechen!«

Und damit brach die neugebackene Baronin Schey in helle Tränen aus! Holländer nahm sie um die Schultern und ging mit ihr im Büro auf und ab und auf und ab und sah sie dabei, krampfhaft nachdenkend, von der Seite an:

»Fräulein Eckersberg«, sagte er verhalten, mit großer Spannung, als hätte er die Patentlösung gefunden, »Fräulein Eckersberg, heiraten Sie nicht zu *früh!*«

Nach dieser reizvollen Szene ging ich beschwingten Schrittes ins Lessingtheater und ließ mich bei Barnowsky melden, von dem ich sogleich empfangen wurde.

»Herr Direktor«, sagte ich, »meinem Versprechen zufolge möchte ich Ihnen sagen, daß ich ein Angebot bekommen habe.«

»Zu wem?«

»Das tut nichts zur Sache.«

»Natürlich zu Reinhardt, was ich ja schon lange weiß! Was haben Sie jetzt Gage bei mir?«

»Sechstausend.«

»Viel zuviel, aber ich gebe Ihnen acht!«

»Zehn.«

»Acht und keine Mark mehr.«

»Zehn, Herr Direktor, anders möchte ich nicht bleiben.«

Barnowsky läutete und verlangte ein Vertragsformular, und dann füllte er es aus, mir noch einen Blick des Unmutes zuwerfend, bevor er die Gage einsetzte. Aber, da stand es:

10 000 Mark! Und das damals!

Und als wir beide unterzeichnet hatten, da konnte ich es mir nicht verkneifen:

»Jetzt darf ich Ihnen etwas sagen, lieber Direktor Barnowsky: Ich wäre nie auf die Idee gekommen, ins Deutsche Theater zu gehen, wenn Sie mir nicht diesen Floh ins Ohr gesetzt hätten!«

»Aber ich hatte doch gehört, daß Reinhardt sich für Sie interessiert!«

»Da haben Sie eben falsch gehört.«

»Götz, aus Ihnen werde ich nicht klug.«

»Und dabei ist es so einfach, lieber Direktor: Immer wenn Sie denken, daß ich lüge, sage ich die Wahrheit ...«

» ... und wenn ich denke, Sie sagen die Wahrheit, dann lügen Sie.«

»So ähnlich, Herr Direktor!«

MEINE POINTE

Es war in jenem Stück, in dem ich besagten Greis von 107 Jahren zu spielen hatte:

»Drei Sachen kann ich mir überhaupt nimmer merken:

Das Erschte sind Zahlen, das Zweite sind Namen und das Dritte ... das hab' ich vergessen.«

Es war mir außer in der Premiere, die mir den Szenenapplaus und die schöne Kritik in der BZ einbrachte, nie mehr möglich gewesen, diese Pointe zu landen.

Kaum setzte ich zu ihr an, hustete Adalbert, oder es fiel Abel gerade sein Bleistift zu Boden, oder Herzfeld rückte seinen Stuhl zurecht, oder Sternberg putzte seufzend seine Brille. Einmal fiel sogar ein langer Kehrbesen aus einem Eckchen auf die Bühne, worauf Abel sagte: »Diese Butzfraun heutzutache! Da genn'n mir noch andere Zeiten, was Großvater?« Und einmal rülpste Adalbert laut und bemerkte: »Entschuldigung, das kommt bei mir nur aus dem Magen!« Kurzum, es kam dahin, daß ich mich jeden Abend auf die Pointe freute, die ich nicht landen konnte, und gespannt war wie ein Flitzebogen, was die Kollegen sich ausgedacht haben würden. Denn eine öde Wiederholung gab es nicht. Ehrensache!

Nun war die 100. da!

Feierlich kamen Adalbert, Abel, Sternberg und Herzfeld in meine Garderobe und überreichten mir ein Kistchen Zigarren, wozu Adalbert sagte:

»Kurt, du bist ein reizender Kerl, und es spricht für deinen Humor, daß du es uns niemals übelgenommen hast, daß wir dir täglich deine einzige Pointe zertreten. Wir haben beschlossen, sie dich heute, zur 100., bringen zu lassen.

Götz: »Es fällt euch wohl nischt mehr ein?«
Abel: »Im Gächenteil, für morgen ham mir schon was!«
Adalbert: »Aber heute lassen wir dich, Kurt.«
Götz: »Das kann ich doch gar nicht annehmen!«
Adalbert: »Die paar Zigarren! Sind ja ganz billig!«
Götz: »Das seh ich. Ich meine ja euer Angebot, die Pointe!«
Adalbert: »Wir machen das gern für dich!«
Götz: »Der Gedanke macht mich ganz nervös, Kinder!«
Adalbert: »Wir haben uns gesagt, daß du heute, zur 100., doch sicher

jemand drin hast, zum Beispiel die schöne schwarze Musikerin oder vielleicht die schlanke, lange, platinblonde . . .«

Götz: »Na also, dann dank ich euch auch!«

Adalbert: »Bitte, bitte.«

Herzfeld: »Gern geschehen!«

Abel: »Is ja bloß für heute, Kurt!«

Mein Stichwort kam näher, und ich wurde nervös! Ich blickte gewohnheitsmäßig im Kreise herum, ob ich nichts entdecken würde, was mich heute an Stelle meiner Pointe überraschen könnte!

Nichts! Es war *unheimlich!*

Nun kam mein Satz: »Drei Sachen kann ich mir überhaupt nimmer merken: Das Erschte sind Zahlen«, sagte ich zögernd, »Das Zweite sind Namen« noch zögernder, »Und das Dritte . . .« und da tatsächlich nichts zu passieren schien, holte ich Atem und freute mich auf meine Pointe.

Ich sagte also noch einmal, laut und sicher:

»Und das Dritte . . .«

»Det wissen ma schon, det haben Se vajessen«, sagte *Adalbert.*

»EIN ECHTER GÖTZ, MEIN LIEBER GÖTZ!«

»Herr Direktor, ich hatte Ihnen versprochen, es Ihnen zu sagen, wenn ich einen Antrag bekommen. Ich habe jetzt einen.«

»Wohin, lieber Götz«, lächelte Barnowsky ungläubig. »Das tut nichts zur Sache, Herr Direktor, aber ich kann in einer Stunde abschließen.«

»Mein lieber Götz, für so naiv dürfen Sie mich nicht halten! Ich bin Ihnen einmal reingefallen, damals, mit Reinhardt. Ein zweites Mal tue ich das nicht. Ich danke Ihnen.«

Das war um zehn Uhr morgens gewesen, im Büro des Lessingtheaters, woselbst um elf Uhr das Telefon klingelte und Herr Direktor Barnowsky gebeten wurde, Herrn Patry vom Königlichen Schauspielhaus zu hören.

»Ja? Mein lieber Patry, was kann ich für Sie tun?«

»Nichts, danke Herr Direktor, sehr liebenswürdig! Herr Götz hat mich gebeten, Ihnen zu sagen, daß er eben bei uns unterschrieben hat.«

»*Wer?*«

»Kurt Götz.«

»...«

»Hallo? Herr Direktor, sind Sie noch da? ... Hallo ...?«

Barnowsky war für einige Tage für niemand zu sprechen.

Dann kam er abends in die Garderobe:

»Sagen Sie, lieber Götz, halten Sie sich für sehr fair?«

»Herr Direktor, wir hatten ausgemacht, daß ich es Ihnen sage, wenn ich einen Antrag bekomme. Dieses Wort habe ich gehalten. Aber Sie glaubten mir nicht.«

»Sagen Sie, Götz, wie machen Sie das? Ich glaube, ich habe Sie schon einmal gefragt: Immer wenn ich denke, Sie lügen, sagen Sie die Wahrheit, und wenn ich denke, Sie sagen die Wahrheit, lügen Sie.«

»Sehr einfach, Herr Direktor, ich sage immer die Wahrheit, nur *Sie denken,* daß ich einmal lüge und einmal die Wahrheit sage. Es liegt nur an Ihnen!«

»Das ist wieder einmal ein echter Götz, mein lieber Götz! Also gut: Was kann ich tun, damit Sie bei mir bleiben?«

»Das wird schwer sein, da Sie mich unterschreiben ließen.«

»Ich? Sie? Das ist gut! Aber lassen wir das! Ich habe eine Idee:

Ich führe Ihre blödsinnigen Einakter auf ... diese ... *Nachtbeleuchtung* – ein ganz schlechter Titel. Patry kann nicht ablehnen, wenn ich Ihnen eine Chance als *Autor* gebe.«

»Versuchen Sie es, Herr Direktor.«

»Sagen Sie, lieber Götz, wie sind Sie überhaupt auf die Idee gekommen zu schreiben?«

»Um die Zeit auszufüllen, hauptsächlich.«

»Wieso? Sie spielen doch jeden Abend, sonntags immer zweimal.«

»Ja, ich spiele sogar viel zuviel, Herr Direktor. Ich wollte, ich hätte mehr Zeit.«

»Da haben Sie es wieder, lieber Götz! Jetzt sehen Sie es einmal selber! Zuerst sagen Sie, Sie müßten die Zeit ausfüllen, dann wollen Sie mehr Zeit haben!«

»Ja eben, mehr Zeit, um sie ausfüllen zu können mit einer mehr produktiven Arbeit.«

»Na hören Sie, lieber Götz, bei Ihrer Gage finden Sie das Spielen nicht produktiv?«

»Nein, trotz meiner Gage finde ich das Spielen nur reproduktiv.«

»Das sind relative Ansichtssachen, lieber Götz. Und wie kommen Sie auf die Idee, ausgerechnet Stücke zu schreiben?«

»Weil mir die Stücke, die Sie mir zu spielen geben, meistens nicht gefallen, Herr Direktor.«

»So. Und darf ich fragen, welche Stücke Ihrem Geschmack entsprechen würden?«

»Meine.«

»Sie sind nicht eingebildet, Herr Götz.«

»Nein, Herr Direktor, im Gegenteil. Meine Stücke gefallen mir so, wie ich sie schreibe, sonst würde ich sie nicht so schreiben ...«

»Wieder ein echter Götz, mein lieber Götz! Aber es ist Ihnen doch klar, daß es unwichtig ist, daß Ihre Stücke Ihnen gefallen.«

»Ganz klar, Herr Direktor.«

»Dem Publikum und hauptsächlich der Kritik müssen sie gefallen.«

»Das ist natürlich die Hauptsache.«

»Also, wenn Sie mich fragen, auf Ehre und Gewissen ...«

»Ich würde mir Herrn Direktor gegenüber nie erlauben, von Ehre und Gewissen ...«

»Wieso? Ach so! Das würde ich mir auch schwer verbitten!«

»Eben.«

»Unterbrechen Sie mich bitte jetzt nicht. Wenn Sie mich fragen, unter uns, lieber Götz, ich führe Ihre Stücke auf, um Sie als Schauspieler nicht zu verlieren, also unter Druck sozusagen, aber ich habe wenig Hoffnung, sehr wenig.«

»Das ist ein gutes Zeichen, Herr Direktor.«
»Sind Sie so abergläubisch?«
»Überhaupt nicht, Herr Direktor.«
»Na, wir werden ja sehen.«
»Eben.«
So bekam ich meine erste Chance als Autor in Berlin.

»NACHTBELEUCHTUNG«

1918

Peter Erichson, dem ersten Förderer

Mein lieber Peter,
Du hast mir keine Klitsche an der Ostsee angedreht, Du hast mir kein Reitpferd verkauft, nicht einmal die Hand Deiner Tochter hast Du mir angeboten. Lediglich meinen Paletot hast Du mir ausbügeln lassen. Etwas wenig für Deine Verhältnisse, wie Du zugeben wirst. Aber vor zehn Jahren hast Du, wie es Deinem liebenswerten Wesen eigen ist, im Bruchteil einer Minute mehr Initiative und Beweglichkeit des Geistes an den Tag gelegt, als alle meine damaligen Freunde und Verwandten zusammen. Deshalb soll meine Widmung so kurz wie möglich ausdrücken, was ich ausdrücken möchte. Kurt.

Barnowsky mußte also, wohl oder übel, »Nachtbeleuchtung« ansetzen und ließ – was nicht sehr ermutigend war – gleichzeitig ein anderes Stück einstudieren, weil er an »Nachtbeleuchtung« nicht glaubte. Die Proben aber waren schön. Lauter gute Rollen, geschrieben von einem Schauspieler für Schauspieler! Im ersten Einakter »Nachtbeleuchtung«, nach dem die Serie benannt ist, dreht es sich darum, daß ein Schauspieler sich dem Willen des Direktors, der in diesem Falle auch der Regisseur ist, widersetzt, in der Form, daß er sich weigert, nachdem er sich laut Rolle den tödlichen Schuß beigebracht hat, noch einen Monolog zu sprechen. Er beruft sich endlich auf den Freitod eines Kollegen, dessen Zeuge er vor kurzer Zeit war. Der Direktor, der darauf kein Gegenargument vorzubringen weiß, beendet die Diskussion kurzerhand mit der Bemerkung, daß, wenn der Freund so gestorben wäre, wie der Schauspieler vorgibt, es miterlebt zu haben, dieser eben *falsch* gestorben sei!

Gegen einen solchen »Barnowsky« kann man nicht an! Es sei denn, man wäre der Autor! Und der läßt, wenn die automatische Nachtbeleuchtung im Hause gerade wieder einmal ausgeht, jenen Freund erscheinen, der sich jüngst erschoß. Vielmehr dessen Geist! Und dieser erklärt nun, als Experte sozusagen, dem Herrn Direktor, daß er im Unrecht und besagter Monolog nach dem fatalen Schuß die Ausgeburt eines unkundigen Dichterhirns sei — und verschwindet wieder.

Der Direktor, ohne Übergang, wie das so seine Art ist, behauptet, er wäre natürlich von Anfang an *gegen* diesen dummen Monolog gewesen!

Barnowsky hatte sich auf den Proben besser amüsiert, als er zugeben wollte, und wie dann die Premiere mit großem Erfolg vorbei war, ließ er sich sogar herab, die Stücke zu loben:

»Ganz köstlich, mein lieber Götz! Besonders der erste Einakter, nach dem Sie — sehr richtig — den ganzen Zyklus benennen! *Nachtbeleuchtung!* Ein großartiger Titel! Weil er so neugierig macht! Aber sagen Sie mir, im Vertrauen, lieber Götz, es würde mich interessieren: Welcher Berliner Regisseur hat Ihnen da Modell gestanden zu Ihrem verrückten Direktor?«

SEINE EXZELLENZ GRAF VON HÜLSEN-HAESELER

150mal war »Nachtbeleuchtung« im Deutschen Künstlertheater gelaufen, als die Saison zu Ende ging, und mit der kommenden mußte ich meine Verpflichtung ans Königliche Schauspielhaus einhalten und wurde schon jetzt zu einer Antrittsvisite zu Seiner Exzellenz von Hülsen, dem Intendanten, beordert.

Ich habe mich in diesen durchaus adligen Herrn »auf Anhieb« verliebt und ihn in manchen meiner Stücke auftreten lassen. Zuletzt als »Grafen von Dingelstädt« im »Herbst« der »Miniaturen«. Und ich spielte diese Rolle mit Leidenschaft und Hingebung.

Es kam mir darauf an, diesen liebenswerten Herrn zu zeichnen als einen Grandseigneur der guten alten Zeit, der zwar humorig, ja sogar komisch erscheinen, aber nie lächerlich werden soll!

Dieses erreicht der Darsteller — wenn ich es ihm verraten darf —, indem er über der Figur ein Licht leuchten läßt, das uns verrät, daß Seine Exzellenz sich über sich selber lustig machen, unser Lächeln darüber genießerisch aus den Augenwinkeln beobachten und keineswegs verübeln, aber sehr, *sehr* ungehalten wären, wenn eine gutgezielte Pointe über höchstderoselbst nicht *ankäme* und *nicht* belacht würde! Und gerade dann, wenn unser Lächeln sich zum Lachen wandeln möchte, kommt ein kräftiger Schuß *Herz* — ohne Sentimentalität, versteht sich — hinein, um unser Lächeln beim Lächeln zu belassen.

Die Antrittsvisite bei dem Grafen von Hülsen-Haeseler verlief ungefähr so:

»Also, lieber Herr Götz, Sie kommen zu uns! Hm . . .!« Dieses »Hm« war ein hörbares Ausstoßen angestauter Luftmassen durch die Nase, bei fest geschlossenen Lippen und dabei weit auseinanderstehenden Kiefern. *Das* äußerliche Charakteristikum dieses so liebenswerten Herrn.

»Sie kommen also zu uns! Hm . . .!«

»Jawohl, Exzellenz, und ich bin sehr glücklich.«

»Na, das freut ein'n denn ja auch . . . Ja . . . Und was woll'n Sie denn bei uns spielen? Ich meine . . . was . . . hm . . .?«

»Exzellenz, am liebsten doch wohl . . . gute Rollen.«

»Na seh'n Se! Man muß nur reden! Sag ich doch ümma!

Also zum Beispiel . . . woll'n Sie zum Beispiel, sagen wir, den Lutz in ›Alt-Heidelberg‹ . . . hm?«

»Aber natürlich, Exzellenz! Wegen solcher Rollen geht man zum Theater. Gerade diese Rolle würde ich sehr gern spielen.«

»Jeht man zum Theater! Na also! Hm! Man muß sich nur zu verständchen trachten. Den Lutz, den würden Sie spielen! Den würden Sie sogar gerne spielen, Herr Götz?«

»Aber natürlich, Exzellenz, liebend gern.«

»Na seh'n Se! ... Hm ... Nur det Stück ... det könn'n wir an unserm Hoftheater nich gebn! Hm ... Sie spielen mal als erste Rolle, den ... Dings, in ... Dings, in dem Stück von dem ... Dings. Cleving war ooch nich jut!«

»Das ist nicht sehr ermutigend, Exzellenz.«

»Is es ooch nich, lieber Herr Götz! Seh'n Se, zu uns sind schon viele jroße Künstler jekomm'n ... und sowie se bei uns war'n ... hm ... warsch aus! Der Rahm'n drückt!«

Und als ich schon an der Tür stand, um mich noch einmal zu verbeugen, da sagte Seine Exzellenz noch schnell:

»Haben Sie Kinder, lieber Herr Götz?«

»Nein, Exzellenz, leider nicht.«

»Mach'n Se sich nischt draus! Ich ooch nich! Das überspringt manchmal 'ne Jeneration!«

Viel später einmal traf ich Seine Exzellenz »Unter den Linden«. Langsam und verloren, als ob er sich zurechttasten müßte in der neuen Zeit, ging er einher. Er freute sich, als ich ihn grüßte, und blieb stehen:

»Ja ... hm ... mein lieber Herr Götz! Sie wundern sich, daß ich keen Schnurrbart mehr trage«, lächelte er, »aber Majestät sachte, daß mich ein Schnurrbart nich kleidet – stümmt jarnich, unter uns, stand mir ausjezeichnet – und da sachte ich zu Majestät: Majestät, sachte ich, wenn Maubeuge fällt, fällt der Schnurrbart ooch! ... Hm ... Maubeuge is jefall'n, mußte der Schnurrbart *ooch* fall'n!«

Beim Abschied fragte ich den Grafen, ob er sich die Abendvorstellung im nunmehr »Staatlichen Schauspielhaus« nicht ansehen wollte. Aber da meinte der alte Herr:

»Nee, nee ... in'n jestohlenes Theater ... hm ... jeh ich nich.«

Und ich ging auch nicht hin. Allerdings aus ganz anderen Beweggründen.

Barnowsky wollte meine »Menagerie« herausbringen, falls ich weiter bei ihm bliebe. Es ist eine Einakterserie wie »Nachtbeleuchtung«. So versuchte ich meinen Vertrag mit dem Königlichen Schauspielhaus zu lösen, wobei mir der Umstand entgegenkam, daß es ein »Königliches Schauspielhaus« nicht mehr gab, sondern ein »Staatliches Schauspielhaus«, mit dem ich ja keinen Vertrag geschlossen hatte.

»MENAGERIE«

Vier Übungen

1919

Albert Bassermann,
in Dankbarkeit und Verehrung.

Ich hatte den Prozeß »Kurt Götz gegen den König von Preußen«, wie es in den Schlagzeilen der Tagesblätter hieß, gewonnen und Barnowsky brachte »Menagerie« heraus.

Sein Urteil nach der Generalprobe lautete:

»Also, mein lieber Götz: Das erste Stück, ›Der Spatz vom Dache‹, ist eine gewagte Angelegenheit, und ich weiß nicht . . . aber es liegt am Anfang und ist dann, Gott sei Dank, bald vergessen. Das zweite, ›Die Taube in der Hand‹, das ist ganz niedlich, wenn auch vielleicht nicht lustig genug. Das dritte, ›Der Hund im Hirn‹, na, das fühlen Sie wohl selbst, ist an der Grenze des Geschmackes! Wie kann man nur auf die Idee kommen, einen Mann auf der Bühne bellen zu lassen. Nicht, daß Sie es nicht gut machen, lieber Götz, schauspielerisch, meine ich, aber ich spreche jetzt von dem abnormen Gehirn des Autors.«

»Ich bilde mir gar nicht ein, daß es so groß sei.«

»Das sagte ich auch nicht, lieber Götz. Abnorm heißt, wenn Sie es genau wissen wollen, nicht normal, abseits der Norm. Aber Sie sagten einmal ›Fremdworte sind Glückssache‹.«

»Eben, Herr Direktor.«

»Eben. Aber lassen wir das, denn selbst wenn Sie mit den ersten drei Einaktern durchfallen, was ich leider annehmen muß, der letzte, dieser ›Hahn im Korb‹, der reißt alles wieder heraus! Ich habe, lieber Götz, das müssen Sie mir glauben, in meinem ganzen Leben noch nie so gelacht. Sie haben es ja auch an den anderen gesehen! Jedesmal, wenn Paul Morgan als Hilfsregisseur – unten in voller Rüstung und oben in diesem fadenscheinigen Unterhemd – mit seinen spindeldürren Armen nur herauskam! Und wenn er dann anfing ›seht, wie's da wieder kommt‹ – das liegt natürlich mehr an der Darstellung als am Autor –, nein, da war es eben aus mit mir! Und dann der Hahn, lieber Götz, der auf sächsisch ›kalt und verschüchtert‹ ist und deshalb nicht kräht . . .«

»Das liegt am Hahn, Herr Direktor.«

»Sehr richtig, lieber Götz! Nein, dieser Hahn! Wo mag der Requisiteur den nur aufgetrieben haben? Ich sage Ihnen, lieber Götz, ich will nichts berufen, aber dieses letzte Stück, ›Der Hahn im Korb‹, das wird morgen abend ein . . .«

»Ich muß mich entschuldigen, Herr Direktor«, unterbrach ich und rannte davon.

Und die Premiere?

»Der Spatz vom Dache.« Das Publikum war still wie in der Kirche und der Applaus sehr eindrucksvoll.

»Die Taube in der Hand« wurde durchgelacht.

»Der Hund im Hirn« gestaltete sich zu einer Art Sensation.

Und »Der Hahn im Korb« fiel vollkommen ab. Die Kritik lobte ihn zwar über den grünen Klee, aber beim Publikum war er nicht angekommen. Der Grund hierfür: daß damals, 1919, noch kein privater Mensch eine Vorstellung von den Vorgängen in einem Filmatelier hatte und folglich deren Parodierung nicht verstehen konnte, während die Schauspieler sich totlachten. In späteren Jahren erst kam dieser Einakter, den ich damals durch »Minna Magdalena« ersetzte, zu seinem Recht.

ZWISCHENBEMERKUNG

Ich soll die Memoiren meines Mannes ergänzen, da für den geplanten zweiten und dritten Band leider nur Bruchteile vorhanden sind.

Es gäbe Berufenere als mich. Aber ich will mein Licht nicht zu sehr unter den Scheffel stellen, denn ich habe allen Schreibern und Dichtern unserer Zeit *eines* voraus:

Ich war seine Frau.

Ich habe rund neununddreißig Jahre – 14 155 Tage und 14 155 Nächte würde mein Mann ausgerechnet haben – mit ihm gelebt. Und ich habe sehr bewußt gelebt. Ich habe keine seiner Zärtlichkeiten – und darin bestand sein Leben – gedankenlos hingenommen. Und selbst den Wohlstand, der sich durch seine Arbeit ergab, habe ich jeden Tag bewußt genossen.

»Kauf dir was Schönes. Und fahr vorsichtig – bitte –, denk an mich«, waren stets seine Abschiedsworte, deren Klang ich im Ohr behalte.

Und so fuhr ich in meinem schönen Wagen, um einzukaufen, und ich habe es nie getan, ohne dabei an den feinen, schmalen Kopf zu denken, dem ich dieses Vergnügen verdankte. Und wenn ich nach Hause kam, dann zeigte ich ihm meine Schätze und meine Freude an ihnen. Ich dankte ihm, und wenn es nur für ein Stückchen duftender Seife war.

Ich habe ein reiches, erfülltes Leben hinter mir an der Seite dieses Mannes, der mich »gebildet« hat und mich lehrte, die Dinge mit seinen Augen zu sehen.

An das Unterfangen, seine Memoiren zu ergänzen, darf ich mich in dem Gedanken wagen, daß es vielen Freude machen wird, über ihren Curt Goetz manches zu erfahren, was sie noch nicht wissen. Und so könnte ich, in kleinem Maße, aber in seinem Sinne noch etwas getan haben.

Ich erzähle ganz gut, das weiß ich, denn selbst mein Mann hörte mir immer wieder gern zu. Ich habe Sinn für die Pointe, das gesprochene Wort ist mein Medium, und so werde ich schreiben müssen, wie ich rede.

Freilich, das, was mein Mann konnte, das dürfte ich nicht einmal in Gedanken nachzuahmen versuchen: Diesen Facettenschliff in jedem Sätzchen, die Fülle von Einfällen am Rande einer Begebenheit, die Scherze, die, wenn sie auch noch so abwegig erscheinen sollen, doch der

»gedichteteste« Weg zur Schlußpointe sind, die, durch sie verzögert, um so genußreicher sitzt.

Es war meinem Mann so ernst um seine Heiterkeit. Er schrieb heiter, aus seiner Herzensgüte heraus, aus Mitleid mit den Menschen, möchte ich sagen. Wie oft sprach er davon, um wieviel leichter es wäre, Vorwürfe *ernst* zu behandeln. Wieviel weniger Arbeit, wieviel weniger Einfälle es bräuchte, ernst zu schreiben, wie er sein Publikum auch nicht für eine Sekunde »auslassen« dürfe, um es in seine lebensbejahende Logik zu *zwingen!* Er empfand das als seine Mission und ordnete dieser sein ganzes Leben unter.

Ja, sein ganzes arbeitsreiches und so maßvolles Leben! Er konnte auf alles, was er zu gegebener Zeit in vollen Zügen genoß, auch leicht wieder verzichten. Er erzog sich dazu, Maß zu halten. Sogar in seiner Arbeit.

»Man muß lernen, zu wissen, wann man aufhören soll. Daraus ergibt sich die Kunst des Weglassens«, sagte er.

Die Kunst des Weglassens hielt er für die höchste und keuscheste Form des Schreibens. Sie erst mache den Schreiber zum Dichter, meinte er. Wie viele seiner Leser dankten ihm und danken jetzt mir, für das, was er *unausgesprochen* läßt.

»Du mußt deinen Ehrgeiz vergessen«, sagte mir eines unserer ganz gescheiten Kinder, »und mußt den Mut zu bewußter Unvollkommenheit aufbringen.«

Und so will ich denn versuchen, seine Memoiren fortzusetzen in meinem kleinen Stil. Ich will aufschreiben, was er erlebte, wie er es sah und wie er sich dazu stellte.

Und gleich jetzt, gleich zu Anfang meiner Erinnerungen, möchte ich den geneigten Leser bitten, mir Nachsicht zu gewähren bei der Einführung meiner eigenen Person, die im Leben meines Mannes – Gott sei es gedankt – keine kleine Rolle spielte.

»Ich werde dir ein Denkmal setzen in meinen Memoiren, wie noch niemals eine Frau eines hatte«, sagte er mir oft in der letzten Zeit, »in meinem Kopfe ist das alles ganz fertig, ich bin nur noch zu müde, es aufzuschreiben. Diktieren kann ich das nicht, weil ich mich ganz leise auf dich konzentrieren muß.«

Welch köstliches Buch läge hier. Welch kostbares Buch, da hinter jedem seiner zärtlichen Worte, die er für mich gefunden und erfunden hätte, sein helles Wesen, sein warmes Herz stünde!

Wie wäre dieser vornehme Herr zwischen den Zeilen auf und ab spaziert und hätte uns vom Lachen zum Weinen gegängelt, wie es ihm gerade beliebte!

Aber so ...

»Ach, wir Armen!«

Ich sollte zwar nicht zu deutlich daran erinnern, wie meisterhaft es ihm geglückt wäre, Sie mich durch seine Brille sehen zu machen, seine Brille, die jeden meiner Fehler in einen Vorzug oder zumindest in eine liebenswerte Schwäche verzog. Wenn ich es trotzdem tue, so in der Zuversicht, daß von dem Erinnern an seine Schreibkunst ein Reflex in Ihren Augen haftenbliebe. Das würde meine Aufgabe erleichtern.

Valérie von Martens-Goetz

»INGEBORG«

Eine Komödie

1922

Max Adalbert, in dankbarer Erinnerung an gemeinsam geschlagene Schlachten.
Curt Goetz

Telegramm aus Berlin: »Martens Theater in der Josephstadt Wien — Können Sie ab 15. Mai als Mary in Hamburg gastieren stop Spieldauer ein Monat mit Verlängerungsklausel stop Ihre Wiener Gage und Diäten Gruß Agentur Held.«

Hamburg — Hafenviertel — Mädchenhandel kombinierte blitzschnell meine Mutter. Sie sagte kein Wort, aber ich verstand sie. Was sollte ich tun? Ich telegraphierte zurück: »Leider nein!«

Innerlich revoltierte ich! Wieder eine Chance verpaßt! Was sollte noch alles geschehen? Bei Jarno im Josephstädter Theater war ich fett gedruckt! In Prag war ich zwei Jahre gewesen und hatte dort unter Leopold Kramer alles gespielt, was gut und teuer war, vom »Käthchen von Heilbronn« angefangen, über »Alt-Heidelberg« und »Jugend« bis zu den Salondamen der französischen Lustspiele, bis zu der Charakterrolle in »Kindertragödie« von Schönherr, die ganzen Jungen in Hauptmann und Ibsen, den Ariel im »Sturm«, den Puck im »Sommernachtstraum«, »Was Ihr wollt« und was Ihr wollt! Danach hatte ich am Residenztheater in München auf Engagement gastiert als Franziska in »Minna von Barnhelm« und als »Verlorene Tochter« von Ludwig Fulda. Ich war engagiert worden, aber mein Agent Frankfurter hatte den Vertrag wieder gelöst aus »Mitleid mit meiner Mutter«, wie er mir gestand, und für mich am Wiener Burgtheater abgeschlossen.

Nun war ich also wieder nichts als eine kleine Offizierstochter am Gängelbande einer liebenden Mutter! So greifbar nahe war das große Glück gewesen, Deutschland, Hamburg, ein Schritt nur nach Berlin, dem Traum jedes Künstlers! Aber, den Wunsch der Mutter zu erfüllen, muß man eben Opfer bringen! Ungern, aber man tut's.

Das Telegramm war aufgegeben, da klingelte das Telefon:

»Fräulein von Martens? Hier spricht Direktor Josef Jarno. Was würden Sie davon halten, die ›Ingeborg‹ bei mir zu spielen?«

»Dieses zauberhafte Stück, das Sie mich schon vor einem Jahr haben lesen lassen? Die Rolle ist sehr gut, soweit ich mich erinnere. Aber Sie wissen ja, Herr Direktor, wo nehmen wir diesen Peter Peter her?«

»Den spielt der Autor selber.«

»*Unmöglich!* Das muß doch ein äußerst reizvoller junger Herr sein, der ungewöhnlichen Charme hat! Und gut aussehen sollte er doch auch!«

»Sssso«, sagte Jarno ganz kurz und in einer ihm ungewohnten Art, »kommen Sie heute in die Vorstellung und sehen Sie sich diesen Autor an. Tun Sie mir nur den einen Gefallen und verlieben Sie sich nicht auch gleich in ihn!«

»Wer denn noch?«

»Ganz Wien.«

»Warum sind Sie so ironisch, Herr Direktor? Übrigens, wenn das Stück schon läuft – ich bin erst gestern von meinem Gastspiel aus Prag zurückgekommen und weiß noch von nichts –, warum spielt Ihre Ingeborg nicht weiter?«

»Das ist die Else Eckersberg, die Ihre Mary in Berlin gespielt hat. Die muß auf einmal nach Hamburg, sagt sie, weil eine andere nicht kann. Also, heute abend?«

UMSTÄNDE

Daß Else Eckersberg — der geneigte Leser kennt sie bereits als jene Dame, deren Hochzeitsreise von Direktor Holländer so empfindlich gestört wurde — ihr Wiener Gastspiel als »Ingeborg« abbrechen mußte, um in Hamburg eine Rolle zu übernehmen, die eigentlich mir zugedacht war, und daß dafür wiederum ich als »Ingeborg« einspringen mußte — diese doppelte Verkettung der Umstände habe ich immer gern als Fügung angesehen. Die »Mary«, um die es in Hamburg ging, hatte ich kurz zuvor bei Jarno kreiert. Das Stück war von Siegfried Geyer für mich geschrieben worden, denn ich war damals, auch wieder durch die Verkettung von Umständen, die Sie noch erfahren sollen, das »Stadtgespräch« von Wien. Bis dahin war ich nur eine erfolgreiche Schauspielerin, wie es deren ungezählte in der Donaustadt gab.

Wie aber war ich als Kind einer Familie, in der es nur Staatsdienst, Militär oder Diplomatie gab, überhaupt Schauspielerin geworden?

Mit sechzehn war ich endlich aus der Klosterschule entlassen worden, in der ich nach den strengen Weisungen meines Vaters elf Jahre lang gewesen war. Ich haßte das Herdenleben im Internat und litt unter der Trennung von der geliebten Mutter. Mein Trost blieb meine einzige Schwester, die mein Los teilen mußte. Vater hatte für uns den Beruf der Hofdame und Lehrerin vorgesehen, so wie seine Mutter, eine geborene Gräfin Bevilaqua de la Pitze, ihn am spanischen Hofe ausgeübt hatte. Wie ich im Laufe des Lebens einsehen lernte, lag mir der Beruf der Lehrerin gar nicht so fern, wenn ich mich jetzt auch mit Händen und Füßen gegen ihn sträubte. Aber seit ich als Kind eine Zirkusvorstellung mit dem großen Sylvester Schäffer gesehen hatte, zielten alle meine Träume dahin, Zirkusreiterin zu werden, auf dem Rücken eines auf Hochglanz gestriegelten blütenzarten Schimmels auf die Befehle »des Herrn in der Mitte« zu warten, um ihm in der nächsten Nummer seine Jongleurrequisiten zuzuwerfen und ihm die Reifen zu halten, wenn er durchsprang oder sie mit brennenden Pfeilen oder Messern durchschoß. Damals muß ich noch sehr jung gewesen sein, denn vom sechsten bis zum sechzehnten Lebensjahr war ich im Kloster, wo die Statuten jeden Besuch von Theatervorstellungen oder dergleichen — auch in den Ferien — verboten.

An meinem sechzehnten Geburtstag führte meine Mutter mich das erstemal aus, und zwar, da sie hochmusikalisch war, in die Oper.

Meine Mutter hatte das Konservatorium besucht und spielte Klavier. Sie verfügte über ein absolutes Gehör, um das wir Kinder sie zeitlebens beneideten, denn sie konnte – unbegreiflich für uns – ohne Noten alles spielen, was sie gerade hörte. Wir wohnten damals in Wien, im Sechzehnerhaus der Theobaldgasse, berühmt, weil es Franz Lehár gehörte. Meine Mutter kannte ihn von Pola her sehr gut, wo er Marinekapellmeister und mein Vater Marineoffizier war – Marinör, wie man in Wien sagte. Und zwar kannte sie ihn durch mich.

Ich war etwa drei Jahre alt. An Sonntagen ging alles nach der Kirche zur Platzmusik, wo Lehár in einem abgezirkelten Kreise der Marinekapelle im Mittelpunkt stand und dirigierte. Ich war meiner Mutter im Gedränge verlorengegangen, und magisch zog es mich zu »dem Herrn in der Mitte«, an dessen Hosenbein ich mich klammerte. In einer kleinen Garnison, wo jeder jeden kennt, wußte man, wohin ich gehörte, und so ließ Lehár mich, zum Gaudium aller, auf seinen Schultern nach Hause reiten, an der Spitze seine Kapelle, die er ohne Unterbrechung weiterdirigierte. Zum Dank dafür ließ meine Mutter, die er in Tränen vorfand und die aufgeregt die Polizei alarmiert hatte, die ihrerseits wiederum aufgeregt den ganzen Hafen durchkämmte, diesen kleinen Kapellmeister Franz Lehár an ihren Gesellschaftsabenden Klavier spielen. Lehár erzählte uns später oft, wie sehr willkommen ihm damals der Nebenverdienst war, und daraus entstand eine lebenslängliche Freundschaft.

Als die dem Sechzehnerhause schräg gegenüberliegende Leimgrubenkirche eine neue Glocke bekam, fragte Lehár an, welchen Ton das eben einsetzende Geläute hätte. Da konnte meine Mutter sagen, zwischen g und gis, aber mehr gis! So differenziert hörte sie.

Sie führte mich damals also in die Oper, und zwar zu »Hoffmanns Erzählungen«. Nach dem Auftritt des Dr. Mirakel mußte man mich halbohnmächtig vor Angst hinaustragen. Für mich war das zuviel! Das strahlende Opernhaus an und für sich, die festlich gespannte wogende Menge, die gewaltige Musik aus dem Orchester so nahe vor mir, und gerade diese Oper!

Um das Debakel wieder gutzumachen, nahm meine Mutter mich in einen Ballettabend mit, was zu einem neuerlichen Debakel führte, denn jetzt gab ich keine Ruhe, bis ich tanzen lernen durfte, »so auf der Spitze« wie jene zauberhaften Wesen aus einer Märchenwelt, die sich mir aufgetan hatte.

Meine gute Mutter ging mit mir zum Ballettmeister der Hofoper, der es ganz unsinnig fand, in meinem hohen Alter mit einer Kunst zu beginnen, in der man die ersten Schritte – im wahrsten Sinne des Wortes – mit vier Jahren getan haben sollte.

»In mein Kurs, des is ausgeschlossn«, sagte er, »ober wanns so viel Geld zviel ham, nehmens halt Privatstundn zu Ihnan und mein Vergnügn. Wern ma halt sehn, wos dabei aussischaut!«

Ich durfte diese Privatstunden nehmen, und bei meinem damaligen eisernen Willen, bei täglich stundenlanger Arbeit an der Stange und blutdurchtränkten Ballettschuhen war ich nach nicht ganz einem Jahr »im Kurs drin«, um bald danach ausgewählt zu werden, mit dem Meister und der Primaballerina minutenlang auf der Spitze zu bleiben. Er als Schmetterling, sie als Rose und ich als Lilie! Es war eine Wohltätigkeitsvorstellung im großen Konzerthaussaal – zu einer anderen hätte meine Mutter niemals ihre Erlaubnis gegeben –, wo mich Hansi Niese sah und mich danach zu ihrem Mann, Direktor Jarno, brachte und dadurch zum Theater. Jarno wollte mich gleich als Schauspielerin engagieren, doch meine Mutter ließ mich mein Handwerk erst gründlich erlernen, und so kam ich in die Akademie. Ich bestand die Aufnahmeprüfung, aber mein Professor bezweifelte, ob ich je meinen wienerischen Offiziersdialekt, wie er es nannte, ganz würde abstreifen können.

»So etwas liegt einem im Blute«, sagte er.

Gott sei Dank ist es mir aber doch gelungen. Dieser Plage verdanke ich die Fähigkeit, Dialekte imitieren zu können, nicht nur dem Klange nach, denn so ein Dialekt sitzt wirklich tiefer und nicht nur auf der Zunge. Ich war später oft imstande, anderen ihren Akzent abzugewöhnen, was auf dasselbe hinausläuft, wie ihn sich anzueignen.

Nun besuchte ich also die Akademie, in der viele waren, aus denen etwas geworden ist: Erwin Faber, jetzt in München, Oskar Homolka in USA, Carl Farkas in Wien, Elisabeth Bergner, Adrienne Gessner, Herma Clement und die Begabteste, Eigenartigste unter uns, Gretl Jacobsen, die dann die Frau Fabers wurde und ihren Beruf leider aufgab. Wenn sie auf das Podium stieg ... dann wurde es hell. Und wenn sie ihr Stimmchen erhob ... dann wurde es still. Und wenn sie uns ihre übergroßen veilchenblauen Augen sehen ließ, bei ein paar Sätzen der Ophelia im »Hamlet«, der Viola aus »Was Ihr wollt« oder des Gretchen am Spinnrade, dann nahm sie uns alle mit in eine Welt, die sie zauberte aus einem wasserklaren Herzen und einer begnadeten, eigenwillig zarten Phantasie. Unvergeßlich! Und ich weiß, daß wir alle, bewußt oder unbewußt, aus dieser Quelle schöpften.

Dann hatte ich es geschafft. Ich spielte eine Rolle nach der anderen und kam schließlich ans Burgtheater. Und im ersten Jahr meines Vertrags war ich schon in aller Leute Mund. Nur war es eine unrühmliche Sache, die mich zum Stadtgespräch werden ließ. Ich war von heute auf morgen, also fristlos, entlassen worden. Meine arme Mutter dachte wie ich, daß die Welt untergehen müßte. Direktor Jarno aber, selbst ein großer Schauspieler, mit so viel Herz für Schauspieler und Verständnis für ihre Schwächen und Vergehen, sammelte Material von Fällen, die dem meinen glichen, und empfahl, einen Anwalt zu nehmen und einen Prozeß gegen das Burgtheater zu führen. Das tat meine Mutter, und so lernte ich einen Klienten dieses Anwalts kennen, der sehr bald »mein Franzl« und mein heimlich Verlobter wurde. Mit seinem gescheiten Köpferl und seinem guten Herzen hat er mir über die schwere Zeit geholfen, in der ich glauben mußte, meinen geliebten Beruf als Schauspielerin aus eigener Schuld verscherzt zu haben.

DIE VORSTELLUNG IN DER VORSTELLUNG

Ich saß im Zuschauerraum in der »Ingeborg«-Vorstellung, zu der Jarno mich eingeladen hatte, und harrte der Dinge, die da kommen würden!

Dieses duftigschwebende, zarteste Stück, diese schillernde Seifenblase, in Grund und Boden gespielt von einem wahnsinnigen Autor, der sich einbildet, schauspielern zu können! Besser als wir, die es gelernt haben! Arrogant und verblendet wie alle Autoren! Womöglich hat er wenig Haare, aber dafür einen Bauch!

Erstes Zeichen: Zweites Zeichen:

Vorhang!

Entzückend, diese Eckersberg! Na, und ihr Muppi, mein Kollege Emil Ritter, mit dem ich viel gespielt und eben erst »Scampolo, das Gassenmädl« kreiert hatte, wie er mitgerissen war von seiner Partnerin in einen beschwingten, neuartigen Rhythmus! Großartig!

Und nun wurde er angemeldet, dieser Autor:

»Herr Peter! Peter Peter, sozusagen.«

Eine kleine Pause, in der ich dachte: Schade, schade ...

Dann trat er auf.

Da stand er im Türrahmen.

Hielten alle den Atem an? Oder nur ich?

Und jetzt fing er an zu sprechen.

Ich hatte das deutliche Gefühl, daß mein Direktor Jarno sich jetzt das Vergnügen machte, mich aus dem Fond seiner Loge zu betrachten. Und wenn er dies tat, mußte er auf seine Kosten kommen!

Nein, war das ein reizender Kerl, dieser Autor! Und was für ein Schauspieler! Mit dem zu spielen, das müßte natürlich alle Träume erfüllen.

Eine Lachpause nach einer unerhört fallengelassenen Pointe ließ mir Zeit, einen Blick in die Direktionsloge zu werfen. Und da stand er, mein Direktor Jarno, im Hintergrunde, die Arme verschränkt, und genoß das Lachen des Publikums und nickte mir zu:

»Na, habe ich recht?«

Ja, ich spiele natürlich, dachte ich, mit *dem* Partner auf alle Fälle!

Aber sonst, mein lieber Direktor Jarno, von uns Frauen versteht ihr Männer nichts! Rein gar nichts! Als Mann könnte mir das Bürscherl da oben nie gefallen! Und mich verlieben in einen, auf den sie alle fliegen? Ich bin ja nicht verrückt! Ich brauche etwas Ernsteres, etwas Gewichtigeres! Einen, dem ich mich unterordnen kann, einen, der nicht nur charmant ist, sondern ...

Es war, glaube ich, 1949 nach dem großen Kriege, als mein Vetter Conrad uns besuchte und ich ihm einen Tabernakelschrank unserer gemeinsamen Großeltern zeigte und die innen reich intarsierten Türchen öffnete.

»Genau das, was du eben sagtest, mit genau den gleichen Worten, hat es deine Mutter gesagt, als sie bei uns zu Gast war und meine Eltern ihr ein altes Möbel zeigten. Ich zählte damals fünfzehn Lenze und schoß mit Pfeil und Bogen, und du warst ein Mäderl von vielleicht fünf Jahren und hattest schreckliche Angst vor mir«, erzählte er.

»Was habe ich denn eben gesagt?«

»Du sagtest: Mir kann etwas immer nur dann gefallen, wenn es innen schöner ist als außen.«

Ich glaube, das stimmt – und das gehört auch hierher.

In der Pause kam ein Logenschließer und bat mich auf die Bühne zu Herrn Direktor Jarno.

»Ich bin morgen in Preßburg, und Sie haben morgen Probe. Aber ich möchte es mir nicht nehmen lassen, Ihnen Herrn Goetz selber vorzustellen. *Leider*, Fräulein von Martens! Denn Sie *machen* natürlich das Rennen!«

Ehe ich das richtig begreifen und antworten konnte, obwohl ich genau fühlte, was er meinte, klopfte Jarno an die Gästegarderobe.

»Ja?« sagte die eigenartig umflorte Stimme, die so eindeutig zu diesem Manne paßte, denn er hatte etwas Unerklärliches, Rätselhaftes, Geheimnisvolles an sich. Er zog gerade die Enden seiner Smokingschleife mit eng geschlossenen Fingerspitzen fest, den schmalen Kopf etwas nach vorn geneigt, so daß ein auffallend weißer Streifen die Iris vom unteren Augenlid trennte.

»Ja«, dachte ich oder sagte ich. Ich weiß es heute nicht mehr. Das heißt, ich wußte es sicher auch damals nicht, ob ich »ja« sagte oder nur dachte. Aber eines wußte ich: Das war er! Das war der Mann, dessen Frau ich sein wollte! Und sein würde!

SEINE PARTNERIN

Die Nacht hatte ich durchgelernt, um zehn Uhr begann die Probe, und um elf ungefähr hatte Peter Peter seine Ingeborg zu küssen.

Ich drehte den Kopf weg.

»Ziege«, zischte mein Partner zwischen seinen Zeilen und seinen Zähnen, kaum, aber für mich doch hörbar.

Das war ja auch dumm von mir! Was sollte das? Wie viele Küsse hatte ich damals schon bekommen gehabt, nach dreieinhalb Jahren am Theater, mit kaum einer Rolle ohne Liebesszene! Sehr dumm von mir! Aber er gefiel mir doch so sehr, dieser Autor! Und deshalb – Ziege!

Wenn es eine Passage in diesen Memoiren gibt, die er selber hätte schreiben müssen, so ist es die unserer Begegnung und unserer Hochzeit, im Sinne von »Hoher Zeit«:

Wie er mir in mein Rollenbuch von »Ingeborg« schrieb: »Fräulein von Martens, In Verehrung – gelinde ausgedrückt – Kurt Götz.« Wie unser Bühnenkuß mit einem Male intensiv war, wie die Zeilen unserer Rollen über unsere Köpfe hinweg so lebensecht wurden, daß man sie gar nicht hätte aussprechen dürfen! So laut! Vor so vielen Leuten! Wie wir tagsüber im fliederblühenden Wiener Stadtpark den kleinen Mädchen beim Spielen zusahen, wie wir nachts durch die Praterauen streiften oder in Grinzing durch die Gäßchen. Wie wir nie eingekehrt sind und kaum sprachen, damit die Zeit nicht so schnell verginge!

Und wie ich dann meinem Verlobten, meinem schönen Franzl vom »Herrn Goetz« erzählte – was der gescheite Kerl sowieso schon wußte –, wie er uns in seinem neuen Horch nach Maria Zell fuhr, die Männer mich abends aufs Zimmer schickten und bei einer Maibowle berieten, wann wer wo geheiratet würde.

Ja, fast wie in »Ingeborg«! Jeder erlebt das, was zu seinem Leben paßt, pflegte mein Mann zu sagen.

»Wanns mir mein Spatzerl net glücklich machn, Herr Goetz, hams es mit mir zu tun!« Wie oft hat mein Mann mir das erzählt, wenn er hören wollte, daß ich glücklich sei.

Und sein Wienerisch war hoffnungslos!

Am 31. Mai war »Ingeborg« zu Ende und der Abschied da. Aus den folgenden Wochen weiß ich nicht allzuviel. Nur daß mir das Herz oft stehenblieb, wenn im Straßengetümmel ein Männerhut oder Mantel ähnlich aussah wie der seine. Und daß mein guter Franzl mich sehr behutsam verwöhnte. Denn da lag noch ein arger Schatten über diesen Wochen der ersten Trennung. Mein Termin im Prozeß gegen das Burgtheater. Aber was zählte das! Täglich bekam ich Liebesbriefe, wie sie noch nie eine Frau bekommen haben konnte:

7. Juni.

Meine über alles geliebte Valérie,

ich kann mir nicht so viel Reserve auferlegen wie Du — wie machst Du das bloß — sehr dumm von mir! Wie soll ich eine Steigerung finden, wenn ich schon in der Überschrift sage: Meine über alles geliebte ...? Aber Du hast versprochen, mich *mit* meinen Fehlern zu lieben! Ich glaubte mit einem Geheimnis nach Hause zu kommen. Es war wieder nichts! Ganz Berlin weiß schon, daß ich Dich liebe. Ehrliche Freude, Begeisterung, Neid und Verleumdung tanzen Ringelreihen. Das ist sehr schön! Was mich selbst anbelangt, meine Inniggeliebte, so ist es sehr spaßig zu beobachten, wie ich immer wieder den Versuch mache, mir den Anschein zu geben, als hätte ich noch einen eigenen Willen. Mit dem Rest meines Wollens lege ich besagten, seit 30 Jahren sorgsam verwalteten eigenen Willen *freiwillig* in Deine schönen Hände, damit Du, Aas schwarzes, nicht sagen kannst, Du hättest ihn mir *genommen!* Ich lege ihn also in Deine geliebten Hände und fühle mich um Bergeslast leichter. Fühlst Du Dich schwerer, dann stelle ihn beiseite und nimm Deinen Willen. Es ist der gleiche.

... Valérie, ich weiß, auch im großen Sturm der Gefühle sollte man sich »Reserve« auferlegen. Das ist so schön männlich! Und ich tue ja auch, was ich kann, bis ich Dir diese Fähigkeit abgelauscht habe. Aber nur ganz zart laß Dir andeuten, daß ich Dich lieb habe.

Kurt.

12. Juni.

... und was unsere Schachpartie anbelangt, so eröffnetest Du sehr feinsinnig. Es ist eine ungewöhnliche Eröffnung, wie sie sich für einen Klassespieler ziemt. Du darfst aber nicht erwarten, daß ich schlechter spiele. Wenn der »Gegner« gleich in der Eröffnung ein Opfer bringt, so will er gewöhnlich durch diese lokale freiwillige Einbuße sich eine strategisch günstigere Gesamtposition verschaffen. Ich würde einen Fehler machen, darauf einzugehen, Geliebtes! Du willst mir also jeden Seitensprung gestatten, wenn mein Herz nicht dabei wäre! Dir, mein Schatz, glaube ich das sogar! Und ich möchte Dir nicht schreiben, was *ich* täte, wenn ein Mann Dich *nur* reizte! Denke Du es Dir aus! Im

Ernst: Ich möchte und werde nichts mehr auf dieser Welt ohne Dich genießen, seit ich durch Dich ahne, was Liebe ist. Alles, was war, ist verblaßt und nicht gewesen, sofern das Erlebte nicht zu Deinem Glück beitragen wird. Wer eine Frau hat wie Dich, braucht keine sonstige Geliebte, so wie es meine Aufgabe sein muß, Dir jeden Gedanken an einen anderen zu verderben. Wir wollen uns unsere verborgensten Geheimnisse ablauschen, Liebling, und wetteifern, uns Freuden zu machen. Und uns dabei immer mehr achten und immer mehr lieben. So soll es sein und so wird es sein! Wir sind unermeßlich reich und unermeßlich glücklich, weil wir berechtigten Grund haben zu ahnen, daß wir uns nach jeder Umarmung lieber haben werden.

Kurt.

14. Juni.

... Ich habe Deinen Brief gleich auf der Post gelesen und Dir von dort jene übereilte Depesche geschickt, daß ich ohne Dich nicht mehr leben könnte. Als ich den Schalterbeamten fragte, ob diese Depesche noch heute nach Wien käme, lächelte er. Bitte! Ein preußischer Schalterbeamter *lächelt!* Wie machst Du das, Hexe!

Kurt.

14. Juni, abends.

... denn ich liebe Depeschen. Sie sind impulsiv. Was hättest Du für Briefe von mir, wenn jeder Gedanke an Dich sogleich geschrieben, jede Liebkosung sogleich niedergelegt wäre. Aber der Raum zwischen Empfindung und der Möglichkeit des langsamen Niederschreibens nimmt das Beste fort. Deshalb liebe ich Depeschen. Schicke mir doch eine!

Kurt.

Ich schickte eine:

Wann wirst Du endlich um meine Hand anhalten stop

Valérie.

15. Juni.

Meine über alles geliebte süße kleine Braut,

hier ist der Brief an Deine Mutter. Lies ihn und entscheide, ob ich es so wagen kann! Ich umarme und küsse Dich so innig, als das ohne Lebensgefahr für so etwas Zartes, wie Du es bist, möglich ist. Und dann noch einmal. Und immer wieder!

Kurt.

Sehr verehrte gnädige Frau,

nach langem vergeblichem Nachdenken, wie ich es am zartesten und schonendsten einkleiden soll, daß ich im Begriffe stehe, Ihnen das Liebste zu nehmen – weil es auch mein Liebstes ist –, verzichte ich schließlich auf jede Einleitung und gebe mir die Ehre, Sie um Valéries Hand zu bitten. Sehr liebe gnädige Frau, ich ahne alle die Einwände Ihres besorgten Mutterherzens und kann auf sie nichts erwidern als immer nur das gleiche: Ich liebe Valérie. Ich liebe Valérie mit allem, was in mir gut und würdig ist. Ich liebe sie mit der Sehnsucht eines Mannes, der plötzlich findet, was er längst als einen schönen Traum begraben hatte. Ich liebe Valérie mit einer Sehnsucht, die mich verzehren würde, bliebe sie ungestillt. Ich glaube und hoffe zu Gott, daß Valérie mich ebenso liebt. Machen Sie zwei Menschen glücklich und geben Sie uns Ihren mütterlichen Segen. Ich will Sie dafür lieben, solange ich lebe und nicht aufhören, Ihnen dankbar zu sein. Ich will Sie dafür lieben und verehren wie meine eigene Mutter.

Werden Sie mir erlauben, Ihnen als Ihr Sohn die Hände zu küssen?

Kurt Götz.

Am 15. Juni, genau an jenem Tage, da mein Mann diese zauberhafte Werbung an meine Mutter schrieb, an diesem Tage bekam ich die Vorladung zum ersten Termin in dem Prozeß gegen das Burgtheater. Am 18. um zehn Uhr vormittags hatte ich vor dem Gericht zu erscheinen.

Während ich vor wenigen Monaten glaubte, daß mein ganzes Leben und mein Lebensglück von dem Ausgang dieses Prozesses abhinge, war er nun völlig in den Hintergrund gerückt. Ich kann nicht sagen, daß er mir gleichgültig war, im Gegenteil, ich war ehrgeizig und ich hatte das Gefühl, daß mir Unrecht geschehen war. Aber die Sache ging mir nicht mehr ans Herz. Das war ausgefüllt! Da war kein Platz mehr für irgend etwas anderes als für *ihn!* So sehr, daß ich vergessen hatte, ihm von dem Prozeß zu erzählen, was mir jetzt erst auffiel! Nun wollte ich darüber auch nicht mehr schreiben, ehe ich den Ausgang kannte, was sowieso in wenigen Tagen der Fall sein würde.

Bis dahin kamen weitere Briefe:

15. Juni, abends.
Meine Valérie,

seit ich Dir in aller Form den Heiratsantrag gemacht habe – über die Drängelei in Deiner Depesche reden wir noch – ist mir eine Bergeslast von der Seele. Ich fühle mich frei, froh und glücklich. Je mehr ich es überlege, desto richtiger und selbstverständlicher finde ich es, daß Du darauf bestehst und Wert darauf legst, meine Frau zu werden. Daß Du trotzdem immer meine Geliebte bleiben wirst, kann bei unseren parallel laufenden Neigungen nicht ausbleiben. Jedenfalls schwöre ich es Dir, bei allem was mir heilig ist und das ist, seit ich Dich kenne, nicht wenig! – Jetzt bin ich bei Gott pathetisch geworden.

Du Rabenaas, Du inniggeliebtes! Bilde Dir nur nicht ein, daß ich Dir nun hereingefallen bin, weil Du das so wünschtest! Ich falle Dir nämlich immer nur *darauf* herein, worauf ich hereinzufallen wünsche! Jawohl! Und den Heiratsantrag habe ich Dir nur deshalb gemacht, um die vielen Anwürfe in Deinem geliebten Briefe – Du hast Talent zum Schreiben, Liebling – summarisch zu erledigen. Ich nehme Dich in die Arme und küsse Dich, meine kleine Braut, und werde Dich so festhalten bis ans Ende meiner Tage.

Kurt.

16. Juni, morgens.

...Wenn doch schon eine Antwort da wäre! Mir fällt ein, daß ich Dir noch gar nicht gedankt habe dafür, daß Du meine Frau werden willst. Kennst Du auch alle meine Fehler, Valérie? Meine Liebe zu Dir wird sie läutern, und solange Du mich liebst, habe ich keine Angst. Aber ich werde schwer krank, wenn nicht bald Dein »Ja« kommt, ernstlich schwer krank!

Was wohl Dein nächster Brief für eine Anrede und Unterschrift tragen wird?

Kurt.

16. Juni, abends.

... Daß nun alles so gekommen ist, wie Du es Dir vorgenommen hast, als Du auf der ersten Probe den ersten Kuß *markiertest*, ärgert mich ein bißchen! Und gerade deshalb liebe ich Dich! Man sollte immer wissen, was man will, und unbeirrbar seinen Weg gehen, wie Du es machst, Valérie. Dein Name allein ist Musik. Du bist geliebt, Valérie! Valérie!

Kurt.

17. Juni, morgens.

... wie Du siehst – ich schreibe bereits das fünfte Blatt voll –, bin ich heute ganz beruhigt und zuversichtlich, obwohl noch immer kein Brief von Dir kam. Du machst ein Gastspiel für uns in Ischl perfekt, schriebst Du unlängst, aber ich hatte keinen Kopf für Geschäfte. Alles ist mir recht. Die »Isolde« kann ich natürlich nicht spielen! Figürlich und stimmlich schon, aber ich schaffe die Partie nicht in der kurzen Zeit bis Ischl! Bestimme trotzdem, wie Du willst! Auch die »Isolde«! Nur frage mich nie mehr, tu was Du für richtig hältst!

Was haben wir für einen süßen Impresario! Den tüchtigsten, den es geben kann! Deshalb vergiß die vier ersten Blätter dieses Briefes, mit allen Vorschlägen, die ich da mache und entscheide Du! Das ist besser. Wenn Du mich führst, dann brauche ich nur mehr zu schreiben, und wir schießen wie Raketen in die Höhe, unaufhaltsam. Das spüre ich! Aber nur, wenn alles geschieht, wie Du es haben willst, meine gescheite Geliebte, meine zarteste Braut! Du mein kleines Mädchen, mit dem Wesen einer Mutter. Oder umgekehrt.

Kurt.

17. Juni, mittags.

... Ich habe am Balkon geschlafen und von Dir geträumt, Valérie, und jetzt ist noch kein Brief von Dir da! Ich kann nicht hier sitzen und auf Deine Antwort warten! Ich werde wahnsinnig!

Kurt.

P.S. Zur Sicherheit sende ich jetzt noch ein Telegramm an Deine geliebte Mutter und bitte sie um Deine beiden Hände!

17. Juni, abends »aus Ferbitz!«

... Ich konnte einfach nicht in Berlin bleiben. Deshalb habe ich meinen Hund und zwei Hemden genommen und bin auf unsere Jagd gefahren. Bianca sitzt neben mir und beobachtet jede Bewegung meiner schreibenden Hand. Sie wird aus ihrem veränderten Herrchen nicht recht klug. Sie läßt kein Auge von mir. Sehe ich zu ihr hinunter, so dreht sie die Pupillen ein klein wenig woanders hin und versucht recht gleichgültig dreinzuschauen ...

Kurt.

18. Juni.

... Immer noch kein Brief da! Gestern saß ich noch drei Stunden »auf dem Bock«. Der Bock kam auch. Aber seine Stangen bildeten ein so deutliches »V«, daß ich ihn leben ließ! Wenn das auch nicht wahr ist, meine Valérie, ich muß Dir doch auf irgendeine Weise sagen, daß ich Dich liebe. Außerdem kam der Bock nicht in Schußweite. Vielmehr eher Schußnähe!

Um von ganz etwas anderem zu reden: Ich liebe Dich.

Kurt.

DER PROZESS

Am 18. Juni um zehn Uhr morgens stand ich vor dem Richter. Mein Delikt:

Ich hatte eine Vorstellung versäumt!

Ja, das gibt es! Auch wenn man nur fürs Theater lebt, wie ich damals!

Zehn Tage, genau zehn Tage vor diesem Debakel, hörte ich – es war in der Vorstellung von Hermann Bahrs »Konzert«, in dem ich die Eva Gerndl spielte – einen furchtbaren wienerischen »Schkandal«! Meine Garderobiere Rosl machte die Tür zu, obwohl es stickig heiß war.

»Des is nix fier Ihna, des hörn ma sich net an! Des is de Frau Bleibtrei und de Frau Senders. Die kennen sich scho immer net schmeckn, ober seitdem daß die Senders a Vurstöllung varseimt hat, is iberhaupt aus mit de zwa!«

»Was hat Frau Senders?«

»A Vurstöllung hots varseimt.«

»Das gibt's doch nicht!«

»Warum net? Schanns, de Frau Senders sitzt im Café und sagt in Köllner, er soll ihr an Wagn bstölln fiers Theater. Und wies so im Café sitzt, vergißts warums daß do sitzt und geht weg. Und geht zu aner Freindin und mocht sich mit dera an gemitlichn Obend draust beim Heirign. Und wies zhaus is, sichts wos angstöllt hot und glaubt, es triffts der Schlog. Und daß er sie net troffn hot, des kann ihr de Frau Bleibtrei net vergessn, obwohl daß des jetzt scho ocht Johr her is.«

»Also, Rosl, das könnte mir nie passieren! Wenn ich auf der Straße überfahren würde, so könnte ich noch mit letzter Kraft auf einen Zettel kritzeln: Ich gehör' ins Burgtheater in die Vorstellung.«

»Sagns des net, des kann Ihna a passiern.«

Nach zehn Tagen, wieder im »Konzert«, passierete es mir, »a«. Ganz ähnlich wie Frau Senders. Ich war noch um sechs Uhr über den Ring gefahren, wo das Burgtheater etwas weitab vom Fahrdamm liegt, und sah von weitem das kurze Wort auf dem Theaterzettel, das ich für »Schwan« hielt – das einzige Stück, in dem ich in dieser Woche frei war – das aber »Konzert« hieß. Seelenruhig fuhr ich weiter und versäumte so die Vorstellung. Das Publikum wurde nach Hause geschickt, und ganz Wien kannte plötzlich meinen Namen.

Ich wurde fristlos entlassen, und alle meine vielen schönen Rollen, um die ich so sehr beneidet war, wurden unter meine glücklichen Kolleginnen verteilt wie Ländereien nach einem verlorenen Krieg. Aber der Krieg war nicht verloren, nur eine Schlacht! Jarno brachte mich als »Star« heraus und druckte meinen Namen riesengroß auf sein Plakat. Ich spielte eine schöne Rolle nach der anderen, bis ich dann auch die »Ingeborg« bekam.

Der Richter warf mir vor, den bewußten Abend mit »ungarischen Schiebern« in einer Bar verbracht zu haben. Das war das »Letzteste«, was es damals an Gesellschaft in Wien gab, und stimmte keineswegs. Zitternd an allen Gliedern drückte ich mein Täschchen ans Herz, in dem ich alle seine Liebesbriefe als Talisman mitgenommen hatte. Und auf einmal antwortete ich ganz ruhig, daß dieser Vorwurf mit meinem Prozeß nichts zu tun hätte. In meinem Vertrag ständen beharrliche Verweigerung der Pflicht, unsittliches Betragen und heimliches Verlassen des Stadtterritoriums als Gründe für fristlose Entlassung. Wenn es den Herrn Hofrat persönlich interessierte, wo und wie ich den Abend meiner Versäumnis verbracht hätte, sagte ich, würde ich es ihm privatim gern erzählen. Mit meinem Prozeß hätte dies aber nichts zu tun.

»Sie brauchen keinen Anwalt, kleines Fräulein«, sagte er völlig umgestimmt und lächelnd, *»sehr gut!* Wie machen Sie das?«

»Ich sage wie's ist, Herr Hofrat.«

So gewann ich die erste Instanz und kam glückstrahlend nach Hause, gerade als der Briefbote mir wieder zwei Briefe aus Berlin brachte:

20. Juni.
Liebling!

Ich verspreche Dir sogleich ernst zu werden, aber erst laß mich austoben! Ich bin so übermütig und unter diesem Übermut zutiefinnerst glücklich, wie ich wünsche, daß Du es auch seiest. Ich habe eben Deinen Brief bekommen und finde plötzlich das Regenwetter draußen prachtvoll und alle Einrichtungen dieser Welt entzückend. So viel Sonne, wie sie jede Zelle meines Herzens ausfüllt, hat in Jahrtausenden nicht geschienen. Außerdem habe ich eben Bianca ins Genick gebissen. Bianca ist ein sehr reinliches Tier, aber ich beiße sie sonst *nie* ins Genick. Sie war etwas verblüfft, verstand dann, daß ich mit ihr spielen wollte, und machte jetzt komplizierte Versuche, mich ebenfalls ins Genick zu beißen. Ich werde diesem Tier nie vergessen, wie es sich in den letzten furchtbaren Tagen des Wartens und Zweifelns betragen hat. Immer im richtigen Moment hat sie ganz vorsichtig ihren Kopf auf mein Knie geschoben und mich angeguckt. Sie hat sich fabelhaft benommen. Ich konnte mich nicht enthalten, ihr Stellen aus Deinem Briefe vorzulesen und zu sagen: Wie findest Du das? Ich soll aber bei dieser Frage sehr drohend ausgesehen haben, daß niemand gewagt haben würde, Dich nicht entzückend zu finden. Aber *was* sie dann alles gesagt hat! Ich werde mich hüten, es Dir wieder zu sagen! Wann heiraten wir?

Kurt.

21. Juni.

... Ich freue mich auf Ischl wie auf das Paradies. Bin ich sehr albern? Dann streiche bitte diesen Satz! Aber ich möchte keine männliche Zurückhaltung markieren, wo es mir ums Herz ist wie einem Quartaner. Keiner Frau würde ich gewagt haben, so sehr meine Liebe zu zeigen. Aber Dich sehe ich so anders, so daß mir jede Taktik wie ein saudummer Frevel erscheinen würde. Ich bin so glücklich, wenn ich in Deinen Briefen lese, daß ich weinen möchte. Das weißt Du wohl! Du bist eine Dichterin, Valérie, weißt Du das auch? Ich kann so viel Liebe vertragen! Bedenke, daß ich sie bis jetzt noch nie erfahren habe, bei aller meiner Erfahrung! Und vielleicht gerade deshalb! Du sagtest das einmal so schön: »Viele Frauen haben Dich geliebt, aber keine noch hat Dich an ihr Herz gelegt.« Das kann man besser nicht sagen. Du wirst es in einer Deiner Rollen finden, Liebling! Jetzt bin ich zu irgendwelcher Arbeit noch unfähig. Aber eine Beschäftigung habe ich! Ich fahre alle Briefe an Dich selber zur Bahn, an den Zug. Es ist eine kleine Reise. Noch nie hat mein Auto einem besseren Zweck gedient.

Dieser Brief soll jetzt fort und Dir nichts weiter sagen, als daß ich Dich unsagbar liebe.

Kurt.

22. Juni, wieder in Berlin.

... Du nimmst mich keiner Frau weg, Liebling, wenn das Deine Sorge ist! Frauen, die nie mein Herz besitzen konnten, weil ich erst jetzt weiß, daß ich eines zu verschenken hatte, kannst Du mich doch nicht wegnehmen! Und auf die, die mich einseitig lieben, oder gar Zufälligkeiten sind, Autogrammjägerinnen, kleine Straßenbekanntschaften, wie das bei einem Junggesellen, wie Du ja weißt, auch mal vorkommen konnte, auf die können wir wahrhaftig keine Rücksicht nehmen. Wir haben ja auch ein Recht auf Liebe und Glück! Ein Leben ohne Dich ist für mich von jetzt ab ganz undenkbar. Valérie, Du hast es so gewollt! Jetzt ist es soweit! Ich liebe Dich bedingungslos. Ich kann für Dich alles tun, alles. Nur leben ohne Dich, das kann ich nicht mehr! So wolltest Du es, meine geliebte Hexe Du! Wann heiraten wir?

... Ob Du eine Laune von mir bist? Der Unterschied zwischen der ewigen Liebe und einer Laune besteht darin, daß die Laune gewöhnlich länger dauert, sagt irgend jemand irgendwo. Heute bete ich Dich an! Ich liebe Dich mehr als die Sonne, das Meer und meine Freiheit! Wie blödsinnig arm ist die Sprache! Wir heiraten gleich, Geliebte! Ich drücke einen Kuß auf den schönsten Mund, Valérie, auf Deinen Mund, der bis ans Ende meiner Tage der meine sein wird! Es ist nicht auszudenken!

Kurt.

DIE VERLOBUNG

Anfang Juli trafen wir uns wieder zu einem Sommergastspiel mit »Ingeborg« in Salzburg und Ischl.

Unserer Liebe stand nichts im Wege, und ich konnte so gedankenlos verliebt sein, wie ich mir das gewünscht hatte.

Die süßen Jahre mit dem süßen Annerle waren längst Vergangenheit.

Danach war mein Mann in erster Ehe mit Erna Nitter verheiratet gewesen. Damals war sie eine sehr gute Soubrette, und heute ist sie eine sehr gute Schauspielerin. Er erzählte mir nicht viel von ihr, in dem Gefühl, daß alles, was vor meiner Zeit lag, für ihn nicht mehr sein und mich nicht bedrücken sollte, und Erna Nitter hat das mit den feinen Nerven der Künstlerin verstanden. Wenn ich an andere »zweite Ehen« denke, dann müßte ich schon aus diesem Grunde unserer »Verflossenen« zugetan sein. An jedem meiner Geburtstage kam ein gutes Wort von ihr ins Haus, und wenn sie in unseren Gastspielen im Parkett saß, schickte sie mir Blumen mit einem Kärtchen dran. Auf einem steht – ich fand es jetzt wieder im Schreibtisch meines Mannes –:

»Sie *muß* man lieb haben, Frau Valérie.«

1917, nach der Scheidung, die mein Mann selbstverständlich nur auf sein alleiniges Verschulden zuließ, wie sich das für einen Herrn versteht, war er frei und wollte nie wieder heiraten.

Natürlich gab es »Affairen« in diesen vielen Jahren bis zu unserer Ehe. Schwärmende willige Mädchen, die Autogramme direkt aus der Höhle des Löwen holten, Bürolistinnen, die einen auf der Straße ansprachen und nur zu gern in die Wohnung mitkommen wollten. Seife, Schmierseife, wie Onkel Rémond es nannte, auf der man leicht hätte ausgleiten können bei dem steilen Wege zur Karriere und zum Glück.

Aber mit dem Herzen hatte es nichts zu tun, und so feierten wir in Ischl unsere Verlobung in aller Stille, bei einem herrlichen Wein, der sich »St. Julien« nennt, als Gäste des dort angestammten Grafen gleichen Namens. Von da aus fuhren wir zusammen nach Berlin. Wir zogen in seine Junggesellenwohnung, besser gesagt, wir schlichen uns ein! In dunkler Nacht! Denn hier wollten wir unbemerkt heiraten und ungestört bleiben bis zum Saisonbeginn, allein auf dieser herrlichen Welt! Mein Mann sperrt die Wohnungstür auf und läßt mich eintreten. Ich höre das Schloß knacken, als er von innen wieder zuschließt.

Ich sehe uns stumm einander gegenüberstehen. Dann wirft er seinen Mantel ab und nimmt mir meinen von den Schultern, und dann hebt er mich auf die Arme und trägt mich durch seine drei kleinen Räume: das Wohnzimmer mit seinem Schreibtisch und dem Balkon, das Musikzimmer mit dem Flügel, seinem Cello und der Felldecke auf der Couch. Und das Schlafzimmer. Ein Damenschlafzimmer, ganz in Pastell, mit dem breiten Bett auf einem Podest und einer Poudereuse aus Spitzen und Spiegeln. Das fiel mir nicht einmal auf. So konnte er als Junggeselle doch nicht gelebt haben. Das mußte er haben machen lassen, und nicht erst gestern, denn so etwas braucht Zeit. Also ... so sicher war er meiner von Anfang an!

Mit meinem Verstande kann ich es nicht einmal in der Erinnerung fassen, daß ich so einfach mit ihm wegfuhr. Wenn ich von einem Mädchen aus guter Familie gehört hätte, das, ohne in aller Form verheiratet zu sein, einem Mann gefolgt sei, ich hätte den Kopf geschüttelt. Aber für mich war es so zwangsläufig und natürlich! So war es eben und so mußte es sein und so wurde ich seine Geliebte. Und ich schreibe es gerne und unumwunden hin. Schon der Gedanke, daß ich unser Zusammenleben an eine Bedingung gebunden hätte, wäre mir unerträglich, denn Überlegung gab es bei uns beiden nicht. Nur Liebe. Als der Tag der Trauung näher und näher kam, hatte ich Angst! Angst vor einer Veränderung, einem Zwang, der uns bedrücken könnte.

Aber mein Mann wußte ja für alles eine Lösung, *die* Lösung: Ich wurde dann eben seine »angetraute Geliebte!«

Warum wir nicht gleich heirateten, erzähle ich später, jetzt bin ich in meiner Erinnerung woanders.

Ich habe einen Geliebten! Dieser Gedanke ließ mich nicht los. Etwas in mir wuchs in mein Bewußtsein und machte alles bisher Erlebte unwirklich, verschwommen, als sei ich jetzt erst zu meinem Leben aufgewacht. Es zwang mich, ihn mir anzusehen, genauer und immer wieder, diesen Geliebten, diesen Mann, weil ich herauszufinden versuchte, was es war, was an ihm war, das mich so gründlich veränderte und so unerklärlich beglückte.

Und jetzt möchte ich schreiben können, so wie mein Mann es konnte, um alles zu sagen, ohne es beim Namen zu nennen, alles aufzudecken, ohne es zu entblößen.

Mit welcher Zartheit des Herzens und des Verstandes – jenen beiden Faktoren, die sich bei ihm so vollkommen die Waage hielten – erzog er mich. Meinen Gedanken und Sehnsüchten, meinen Erinnerungen und Erwartungen hat er nachgespürt bis in die endlichen Spitzen meiner Nerven, um mein Mann zu sein und ausschließlich zu bleiben und mich zu seiner Gefährtin zu bilden, wie sie ihm endgültig schien.

Er hat mich angehalten, ein Tagebuch zu führen, um dadurch bewußter leben zu lernen. Und wenn ich heute darin lese, dann bin ich gerührt und dankbar, und ich sehe erneut, wie erfüllt mein Leben ist, wie reich mein Mann es gemacht hat.

Die Erkenntnis, die mir gerade aus diesen Erfahrungen blieb, ist die uralte: daß geben seliger ist denn nehmen. Daß das Bedienen des anderen, die Hingabe an den anderen den »Liebeshelden« ausmacht und auf der anderen Seite die »vollkommene Geliebte«. Nicht Schönheit, nicht Verschwendung, nicht Raffinement oder andere Fähigkeiten.

»Es ist schade für die Menschen«, könnte ich ähnlich Strindberg sagen, daß vieles, vieles Schöne schweigend der Besitz meines Herzens allein bleiben muß, weil ich leider nicht so schreiben kann, wie mein Mann es konnte.

DAS ERFORDERLICHE EHEFÄHIGKEITSZEUGNIS

Das war der Grund, weshalb wir nicht gleich heiraten konnten, als wir in Berlin ankamen.

Ich wurde geboren, als mein Vater als Linienschiffsleutnant auf einem Zerstörer vor New York lag. Bei friedlichen Manövern natürlich! Wir Kinder der österreichischen Marine bekamen unsere Heimatberechtigung in jenem Ort, in dem der Vater zur Zeit unserer Geburt stationiert war. Auf ein Schiff konnte man natürlich nicht eingetragen werden, und so wählte die Behörde irgendeinen Ort, wo man dann zuständig und heimatberechtigt war.

Iglau!

Als ich das erste Mal im Leben meine Papiere zu Gesicht bekam, suchte ich Iglau auf der Landkarte. Der Name war mir nicht fremd, im Gegenteil rühmlich bekannt, und schwellte meinen damals elfjährigen Busen mit Stolz, denn Österreich bezog seine zuverlässigsten und kräftigsten Ammen aus dieser meiner mährischen Heimatgemeinde. So hatte ich das in der Schule gelernt. Iglau verlangte – es war 1923 schon Tschechoslowakei –, um die Eheerlaubnis erteilen zu können, ein »Ähäfähigkaiitszeignis«!

Die tschechische Gesandtschaft in Berlin, bei der wir vorsprechen mußten, verwies uns an die Gemeinde Iglau, zwecks »Ausfüllung der erforderlichen Formulare in dreifacher Ausführung«, von denen wir eines dann für uns behalten sollten.

Die Auskunft schien uns nicht erschöpfend, denn Iglau wollte ja ein Zeugnis bekommen, also mußte hier in Berlin jemand ein Formular ausfüllen, das wir dann nach Iglau zu senden hätten.

So beschlossen wir, bei der Gemeinde Iglau schriftlich anzufragen, *wer* meine Ehefähigkeit zu bezeugen hätte, an Hand welcher Erklärung Iglau seinerseits die Eheerlaubnis erteilen würde.

»Die Berliner Polizei«, lautete die Antwort.

Das waren damals rund 15 000 Schupos, konstatierte mein Mann, und das wäre ihm zuviel, sagte er. Er schrieb kurzerhand zurück, er dächte, daß nur er selber in der Lage wäre, meine Ehefähigkeit zu bezeugen und dieses erst nach der Eheschließung, welcher Aufforderung er dann gern und eingehend nachkommen würde, wozu er aber seinerseits erst die Eheerlaubnis benötige, um die Ehe schließen zu können.

Es wurde Dezember, bis die Herren der Gemeinde in Iglau die Erläuterungen meines Mannes begriffen, anscheinend mit ihm konform gingen und die Eheerlaubnis sandten, ohne weitere Kommentare und ohne ein Ehefähigkeitszeugnis ausgestellt haben zu wollen, was meinem Mann zeitlebens, wie er sagte, fehlte, denn ohne dieses, meinte er, wüßte er doch nie ganz genau, ob ich auch wirklich ehefähig sei.

MAX UND MORITZ

Von Maxe sagte mein Mann, er habe »Talent zum Freund«. Und das trifft es. Man konnte stundenlang bei Maxe sitzen oder mit ihm spazierengehen, ohne daß ein Wort gesprochen wurde. Jeder wußte, was der andere dachte. Aber wenn gesprochen wurde, dann war es entweder lustig, denn Max hatte viel Humor, oder es war interessant. Max war von Hause aus Ingenieur, ehe er gegen den Willen seines Vaters auf eigene Faust zur Bühne gehen konnte. Er war gebildet und unglaublich belesen. Und dieses in Verbindung mit einem phänomenalen Gedächtnis. Wenn man Max zufällig mal nach dem Datum fragte, dann konnte er sofort sagen, was an diesem Tage vor einem Jahr, vor fünfen oder vor zwanzig geschehen war. Und zwar nicht nur Historisches, ganz kleine private Ereignisse waren es, die er so behielt, als wären sie gestern geschehen. Max nahm meinem Mann automatisch jede unangenehme Angelegenheit ab.

»Laß mich das machen, Curt«, sagte er in seinem tiefen sammetweichen Baß, der seine schwäbische Gelassenheit so schön unterstrich, und dann war man geborgen und konnte auf ihn bauen, wie auf sich selber. Max stand vor einem wie eine Wand.

Da saßen wir wieder einmal gemütlich an einem Tischchen in einer Kneipe, ich wie üblich in der Mitte und die Männer sich gegenüber. Mein Mann unterbrach plötzlich seine Rede – etwas störte ihn irgendwo –, guckte knapp an Maxens Ohr vorbei und sagte dann gefährlich ruhig und monoton: »Kinder, da kriegt gleich einer eine von mir gelangt!« – »Erscht von mir«, brüllte Max, so daß das ganze Lokal erschrak, sprang auf und warf sich und seinen Stuhl herum. Und wenn mein Mann ihn nicht gerade noch am Ärmel erwischt hätte, wäre Max dem Erstbesten an den Hals gefahren, ohne auch nur zu wissen, um wen und um was es eigentlich ging. Ja, so war Maxe!

In den ersten Wochen der Saison war mein Mann auf Proben, abends spielte er, und so wäre ich viel allein gewesen, wenn Max nicht bei mir gesessen hätte, mit seiner Pfeife im Mundwinkel, einem Buche dicht vor den bloßen Augen, die dicke Brille auf die Stirn geschoben und Bianca zu seinen Füßen.

Es war die böse Zeit der Inflation und Knappheit. Wenn mein Mann nachts aus der Vorstellung kam, mit einem Handkoffer voll Papiergeld – seine Gage war allabendlich der Gegenwert der zwei ersten Parkettreihen und verhundert= und vertausendfachte sich täglich –, dann liefen wir schnell noch zu unseren Milewskys, die uns gegenüber einen winzigen Laden und dahinter eine noch winzigere Wohnung hatten. Und der gute Mann kroch immer freundlich aus dem Bette und gab uns für die ganze Abendgage, was er beiseite legen konnte. Mal waren es zwei Pfund Äpfel, mal Kartoffeln oder Gemüse, manchmal sogar etwas Mehl oder Zucker. Am nächsten Morgen, wenn die neuen Kurse durchgesagt waren, hätte unser Koffer voll Geld längst nicht mehr gereicht. Ja, der gute Milewsky hat uns oft ausgeholfen in der bösen Zeit, und wir liebten ihn, seine Frau und seine zwei Kinder. Als wir dann wegzogen, haben wir sie aus den Augen verloren. Leider! Denn zu gern pflegte ich alle Bekanntschaften und Bindungen meines Mannes aus seiner Junggesellenzeit.

Aber 1957, als wir wieder einmal auf der Reise nach Hollywood in Chicago umsteigen mußten, da schrie eine Frauenstimme über den Bahnsteig:

»Nein, ich glaube es nicht! Curt Goetz und seine Valérie!«

Das war Milewskys Töchterchen! Jetzt Mutter von drei großen Kindern!

»Ach«, sagte sie und hatte gleich Tränen in den Augen, »war das nicht schön in meinem Berlin? Wie ich das Bein gebrochen hatte und Sie kamen immer mal an mein Bettchen? Die ganze Schule hat mich beneidet! Meine guten Eltern! Sind beide tot! Ich darf gar nicht dran denken! Die haben es Ihnen nie vergessen können, Herr Goetz, daß Sie zwei ganze Tage und fast zwei Nächte bei Muttern in der Muffbude saßen, als sie meinen Bruder erwartete. Und wie's dann soweit war, da sind Sie wie der Deibel mit ihr ins Westendkrankenhaus gepeest mit Ihrem kleinen ›Peter Moritz‹, und in zwei Stunden war Herbertchen da! Ja, damals, 1922, hatte noch nicht jeder ein Auto! Und eine Taxe war schwer zu kriegen und kaum zu bezahlen.«

Der kleine »Peter Moritz« war ja auch nur ein wildgewordener Kinderwagen, lief aber wie der knallrote Teufel, der als Kühlerfigur vorn drauf saß und der Welt eine lange Nase drehte.

Garagist Wetzel, dicht an der Avus, hatte meinem Mann das Auto verkauft, und zwar gerade, als der Vertreter der »Peter Moritz Werke« die Wagen ablieferte, so daß mein Mann folgendes mit anzuhören in den Genuß kam:

»Ach, du lieba Jott, muß ick besoffn jewesn sint! Und jleich in sechsfacher Ausführung kommt det an!«

»Haben Sie so bestellt, Herr Wetzel! Is doch'n bildhübsches Wägelchen!«

»Aber nich zum Fahren! Da muß noch eener zukomm'n und anschiebn!«

»Unser kleiner Wagen läuft wie die Feuerwehr!«

»Det sieht man ihm aba nich an! Ach Jott, ach Jott! Wo soll ick nur een findn, der da druff reinfällt! Ick muß det Ding ja *vakoofn*, Mensch!«

»Na das kann doch nicht schwer sein, Herr Wetzel!«

»Da müßt ihr 'n Holzhammer mitliefern, det man de Kunden erscht uffn Kopp haun kann!« und im gleichen Atemzug rief er: »Komm mal her, Curt! Wat sachste? Det is det Wägelchen, wo ick dir von erzählt habe! Det Beste, wat de heute uffn Markte findn kannst, wenn ick dir sare! Und wejen Fahrstunden, Mensch, Curt, ick hab doch keene Zeit für sonne Fisematenten. Komm, setzt dir mal rin! So! Kieke jradeaus, jetzt trittste links uffn Hebel und ick lasse de Nuckelpinne an. Jut so! Nu schiebste den Jang rin – Junge wat brauchste ne Fahrstunde, du kannst et ja schon – und wenn ick denn sare ›los‹, denn nimmste die linke Hinterflosse wech vons Pedal und trittst rechts jleichzeitich uffs Jass und steichst nich wieda runta bis Bitterfeld. Loos!«

Das war die erste und letzte Fahrstunde meines Mannes Anno 1921.

Daß er den Vorführwagen damals heil zurückbrachte, sah er lebenslänglich als ein reines Gotteswunder an.

MEIN ERSTER HAUSHALT

Frau Lindow, die durch Jahre meines Mannes Junggesellendasein betreute, kam jeden Vormittag, um die kleine Wohnung weiter zu besorgen.

Während sie eifrig den Staubsauger hin und her gleiten ließ, wusch, plättete oder sonst etwas tat, sprach sie dazu mit doppelter Geschwindigkeit. War sie mit einer Arbeit fertig, dann verstummte sie, bis die nächste im Gange war. Ihr Mundwerk schien mit ihren fleißigen Händen 2:1 gekoppelt zu sein. Ihre kugelrunde Figur, die von kurzen Beinen herumgehüpft wurde, dazu die immer knallroten Bäckchen, ließen mich stets an einen brutzelnden Bratapfel in der Pfanne denken.

Mein Mann stellte mich ihr gleich am ersten Morgen als seine Frau vor. Den Blick, den sie ihm und mir zuwarf, möchte ich nie vergessen. Es muß die gute Frau Lindow die Anstrengung eines Schwergewichtstemmers, der den Rekord zu brechen wünscht, gekostet haben, darauf nichts zu sagen. Aber, sie sagte nichts, und das gefiel mir sehr, denn ich, an ihrer Stelle, hätte den Mund nicht halten können!

Tags darauf ging mein Mann allein zur Probe, und da sagte sie, während sie mich mit ihren größten rundesten Augen von unten hinauf ansah:

»Wolln Se Herrn Joetz denn würklich heiraten, Frau Joetz?«

Wie habe ich diesen Satz genossen! Und mein Mann erst!

»Et is ja 'n feiner Mann, jarnischt zu sarn, aber die Weibsen sin doch alle hinter ihn her! Den Mut hätte ick an Ihre Stelle nich!«

Merkwürdig. Bin ich eine eifersüchtige Natur? Ich glaube doch. Sehr sogar! Aber ich bin auf anderes eifersüchtig, als es allgemein üblich ist. Auf tiefe, gefühlsmäßige, geistige Liebe. Oder zum Beispiel auf Dienste, die man dem Geliebten erweisen kann.

Ich wußte, daß er nie wieder eine andere Frau lieben würde, und ich fühlte, daß auch er meiner so sicher war vom ersten Augenblick an. Was konnte also geschehen? Aber ich hätte es zum Beispiel nicht erlaubt, besser gesagt, ich wußte es so einzurichten, daß kein anderer als ich ihm die Schuhe an- oder auszog, wenn ihm mal danach war. Nur ich spitzte seine Bleistifte, nur ich wählte seine Anzüge und Krawatten. Ich weiß, daß ich einmal eine an ihm sah - um zweihundert hatten wir stets, und ich kannte sie alle persönlich —, die ich sicher nicht gekauft hatte. Vom Schneider war sie als Präsent beigelegt worden. Ich verschenkte sie sofort. Aus Eifersucht. Aber auf seine Vergangenheit, auf die Frauen, die er besessen hatte, konnte ich nicht eifersüchtig sein. Vielleicht, wenn eine dagewesen wäre, mit der er wirklich glücklich war, die ihm jung gestorben und ewig im Gedächtnis geblieben wäre, wie er es viel später in »seiner Tatjana« so eindringlich zu beschreiben wußte – in der Geschichte von jenem Mädchen, das der alte Boris Michailowich Leventieff nicht vergessen kann, dann vielleicht auf diese Vergangene.

Aber sonst dachte ich, daß die Erfahrungen eines Mannes, ob nun schön oder weniger schön, der geliebten Frau zugute kämen. Und die war ich ja. Wenn wir beide über Eifersucht sprachen, gefiel es ihm, wenn ich sagte, daß es das Wesentliche wäre, das richtige Maß von Eifersucht zu finden. Im übrigen stellte ich mich auf den Standpunkt, daß er es besser hätte als ich, denn an mich würde sich leider kein Mann mehr »rantrauen«, weil keiner die Konkurrenz aufzunehmen wage, was er dann mit einem einzigen Wort – »Miststück«, »Mistbesen« oder »Hexe« – abtat.

Doch zurück zu meiner guten Frau Lindow.

Noch eines der Gespräche mit dieser liebevollen und lebensklugen Frau wird mir unvergeßlich bleiben. Sie fragte mich, wie das zu einer jungen Ehe paßt, ob ich Kinder haben wollte.

»Tun Sie et nich, kleene Frau. Et sin doch jenuch da«, sagte sie und setzte sich mit einer Flickarbeit zu mir in den zweiten grünen Fauteuil am runden Tisch.

»Sehn Se, wir hatten zehn Jahre lang keene Kinder jehabt und da ham wa uns entschlossn, so'n Wurm anzunehmen. Unser Kätchen. Unser Kätchen sare ich Ihn'n! Un wie det schon so is, komm ick noch mit'n Jungen nieder. Der is heute ooch schon wieder zwölwe. 'n braver Junge, jut in die Schule, immer fleißich und jefällich. Der macht ooch mal sein Wech. Jar nischt zu sarn! Aber wenn Se uns unser Mächn wechnehm'n, sterm wa beede uff de Stelle. Und Kätchen übalebt det ooch nich.«

»Merkwürdig. Sie hängen beide mehr an dem fremden Kind?«

»Wat heest fremd und wat heest Kind? Un wat heest Vata un Mutta? Der Vata is doch merschtenteils nur der Erzeujer. Entweder er kümmert sich nich um de Kinder oder man läßt'n sich nich kümmern. Und det is ja ooch nur'n Zufall, wenn so'n Wurm ankommt. Is doch wahr! Wo wünscht sich heutzutare eene 'n Kind! Det jibts ja jar nicht mehr. Jede will doch nur arbeetn, Jeld vadien'n un sich amüsieren. Oder se kriecht et jleich, wenn sie mitjeht, aus Doofheit, und wenn se Jlück hat, kann se den Erzeujer hochnehm! Ne prima Jeldquelle! Nee, junge Frau, wenn Se mir frachn, nehm Se *fertche* Jören int Haus. Die sin viel dankbarer und man hängt sein Herz jenau so dran, wie an de eejnen und – et kränkt een wenjer, wenn nischt draus würd!«

Das machte mir einen großen Eindruck, denn der Gedanke, Kinder anzunehmen, ging wie ein roter Faden durch mein ganzes Leben.

USCHI

Herr Lindow hatte einen Unfall in der Fabrik, und die brave Frau mußte uns kündigen.

Mein erstes richtiges Hausmädchen hieß Uschi, war bildschön, zwanzig Jahre jung, unbeschwert, lächelte immer und war einfach entzükkend. Uschi erklärte, sie wäre aus »besseren Kreisen« und wollte deshalb nur als »Stütze der Hausfrau« kommen, was sie ja schließlich auch wäre.

Wenn das Telefon klingelte, nahm sie den Hörer ab und sagte: »Hier Stütze Uschi bei Curt Goetz.«

Das machte sich sogar sehr gut. So brachte ihr Frau Lindow in Eile das Notwendigste bei: uns das Frühstück zu bereiten und die Wohnung sauber zu halten. Und wir waren glücklich mit unserer Uschi.

Am zweiten Tag, nachdem Frau Lindow nicht mehr gekommen war, wurden wir von der Probe weg ans Telefon gerufen.

»Hier Stütze Uschi bei Curt Goetz.«

»Was ist denn los, Uschi?«

»Ach, eigentlich nischt«, lachte sie vergnügt, »Herr Lindemann, der doch unter uns wohnt, kam hoch und meinte, ich sollte Ihnen sagen, Sie sollten doch mal schnell heimkommen.« Und dann lachte sie ihr silberhelles Lachen. Es konnte nichts Arges sein, denn Maxe und Bianca waren mit auf der Probe. Vielleicht ein besonderer Besuch? Eine Überraschung?

»Uschi, nun bitte, was ist los zu Hause?«

»Na kommen Sie man, Sie werden schon sehen.«

Uschi hatte die Badewanne scheuern wollen, das Wasser dazu angedreht, und da klingelte im Flur das Telefon. Es war eine Freundin, und weil Uschi des Rauschens wegen nichts verstehen konnte, machte sie die Badezimmertür zu.

»Is doch logisch, nich? Und da sacht mir doch meine Freundin, daß ihre Freundin morgen Geburtstach hätte und weil sie doch lange nicht so praktisch und nicht so umsichtig ist wie ich und außerdem im Haushalt zu tun hätte, auch als Stütze wie ich, sacht sie, ich sollte eine Freundin ihrer Freundin – Edeltraude heißt sie, mit d, ein wunderhübscher Name, nich –, also ich sollte die Freundin ihrer Freundin im Kaufhause treffen, um ihr zu raten. Na, da konnte ich doch nicht gut absagen. Und ich war ja auch pünktlich wieder da, um ein Uhr dreißig.

Wir wollten um zwei essen, es sollte ja nur das Suppenhuhn geben, und das ist ja in zehn Minuten sowieso gar. Is ja nur Suppe aus Wasser, nich? Und wie ich ankomme, steht die ganze Straße vorm Hause und macht so 'n Theater! Is doch alles in schönster Ordnung. Wasser ist doch gründliche Reinigung und trocknet wieder ab. Nicht?«

Wir zogen mit Uschi für acht Tage ins Edenhotel, weil die Wohnung durchglüht und durchlüftet werden mußte, Herrn Lindemann haben wir zwei Zimmer neu tapezieren lassen müssen, und unsere Bodenbespannung hat sich von der »gründlichen Reinigung« nie wieder erholt.

»TAGESZEITEN DER LIEBE«

Am 24. November stand ich das erste Mal mit meinem Mann auf einer Berliner Bühne, und zwar in den Kammerspielen des Deutschen Theaters bei Max Reinhardt. Niccodemi, dessen »Scampolo« ich in Wien zu seiner Zufriedenheit kreiert hatte, gab mir seine »Tageszeiten der Liebe« für Berlin. Es war ein süßes Stück für zwei, das die Liebe am Morgen, am Mittag und am Abend in zarter Andeutung zeichnet.

Meine Aufregung vor dieser Premiere war so unbeschreiblich, daß ich gar nicht merkte, daß mein Mann sich ausschließlich mit mir befaßt hatte, in meiner Rolle lebte und die seine nicht konnte. Er erzählte mir nachher, daß auch ihm erst die zufällig erhaschte Bemerkung seines Freundes Paul Otto dies zum Bewußtsein brachte. Und das war so:

Er spielte einstweilen immer noch in der Tribüne. Als er abends in die Garderobe kam, hörte er, wie Paul einem Kollegen über die Holzwände, die die Schminkplätze voneinander trennten, zurief:

»Wenn mein Curt sich nicht noch auf seinen Hosenboden setzt, spielt ihn seine Kleene morgen glatt an die Wand! Aber wie sagt man ihm das?«

Paul Otto erstarrte, als er meinen Mann in seinem Schminkspiegel sah, aber noch mehr, als er einen dicken Kuß mitten auf den Mund bekam.

»Verzeihung«, sagte mein Mann.

Und dann soll er alle Kollegen, die vormittags in der Hauptprobe gewesen waren, ausgequetscht haben, was ihnen an mir gefallen und noch mehr, was ihnen an mir nicht gefallen hätte. Und er kam sehr vergnügt nach Hause, aß ganz schnell und lernte dann bis drei Uhr morgens. Und dann konnte er, weiß Gott, seinen Text!

Wir fuhren mit der Stadtbahn zur Premiere. Unterwegs kreisten meine Gedanken um die Möglichkeit — und ich sagte dies auch —, wie schön es wäre, wenn wir jetzt zusammen verunglücken könnten und weg wären. So groß war meine Angst. Und seine? Die kam mir gar nicht in den Sinn! Und ich hätte sie damals auch nicht verstanden, seine Sorge um mich, sein Zittern um das Gelingen jeder meiner Nuancen, sein »Sich-selber-ganz-vergessen«. Aber in unseren letzten Jahren, da habe ich mich erinnert an diese erste Zeit, wenn ich neben ihm auf der Bühne stand, nur auf ihn achten konnte, bei jedem seiner Schritte und beim leisesten Beben seiner Stimme bangte, in Angst um dieses Leben, von dem ich wußte, daß es nur mehr an einem Faden hing. Meine Rolle, die sonst so geliebte, die lief irgendwie automatisch mit, wie ein Pferd, das sich noch ohne Reiter an den zweiten Platz legt, um Kraft zu sparen für das Ziel. Denn die Pointen, das Tempo, die Steigerungen, die müssen da sein. Die Stichworte müssen fallen, wie er sie braucht. Sein Stück muß ankommen!

Da erst, nach fünfunddreißig Jahren, habe ich erkennen können, was mein Mann für mich getan hat, als er in seinem Beruf, in seiner Lieblingspassion möchte ich sagen, sich selbst vergaß um meinetwillen, um mir hinaufzuhelfen. Und da hatte ich manchmal ein wehes Glücksgefühl, daß ich in dieser Sache seine große Liebe mit gleicher Münze bezahlen konnte.

Die Kritiken nach der Premiere?

»Wir glauben es Fräulein von Martens«, las ich zum Beispiel, »daß sie am Wiener Burgtheater die Cleopatra, die Hilde Wangel, den Ariel im Sturm gespielt hat. Verdienste ohne Zweifel, doch Verdienste, die ausreichen, modernes Theater zu spielen? Wohl kaum! Hier quillt der Staub aus jeder Gewandfalte, hier ist die gichtbrüchige Steifheit versunkener Theaterepochen. Nein, gnädiges Fräulein (oder gnädige Frau?), nein, so vielleicht an den Ufern der Donau, so nicht an den Ufern der Spree . . .«

Als ich die Zeitung sinken ließ, entspann sich folgender Dialog:

Ich: »Sieh dir das an, bitte! So ein Verriß!«

Er: »Du liest das ganz falsch, mein Schatz!«

Er nahm mich in den Arm und las mit Schwung:

»Wir glauben es Fräulein von Martens, daß sie am Wiener Burgtheater die Cleopatra, die Hilde Wangel, den Ariel im Sturm gespielt hat. Verdienste ohne Zweifel, große Verdienste, die ausreichen, modernes Theater zu spielen!«

Ich: »Zeig her! Hier steht ein Fragezeichen!«

Er: »Das ist ein Druckfehler! (schnell weiterlesend) Hier quillt aus jeder Gewandfalte – bitte, sogar dein Kleid wird erwähnt – eine wunderbare, leider versunkene Theaterepoche.«

Ich: »Gib her! Das steht doch nicht da!«

Er: »Sei doch nicht so kleinlich! Man muß lesen, was der Mann schreiben *wollte*, nicht was der Setzer getastet hat. Auch ein Kritiker kann sich nicht immer klar ausdrücken! Und der Schluß hier sagt doch alles: Willkommen vom Strande der Donau am Strande der Spree! Was wollen wir eigentlich? Großartig! Hast du eine Ahnung, wie ein Verriß in Berlin aussieht? Das hier ist eine Hymne!«

Und dann gab er mir einen Kuß, einen ganz verlogenen, um dabei unbemerkt die Kritik in seiner Rocktasche verschwinden zu lassen. Ich sah sie nie wieder. Ich habe sie auch nur ungefähr angeführt. Die, wie ich viel später erfuhr, wichtigste Zeitung Berlins, die BZ, bekam ich überhaupt nie zu Gesicht. Ich glaube, mein Mann hat damals die ganze Auflage aufgekauft. Ich mußte viel, viel, viel lernen, um in Berlin und vor allen Dingen neben ihm bestehen zu können. Aber alles war herrlich, mein Traum hörte nie und nirgends auf, und ein Wunder reihte sich an das andere.

Am 18. Dezember zum Beispiel – das Datum weiß ich genau – kam ein goldbetreßter Diener in meine Garderobe – wie im Märchen – und brachte mir eine Riesenbonbonniere mit einem Orchideenstrauß von seltener Pracht, dazu einen rosaroten Brief mit einem silbernen Wappen: Ob ich mit meinem Partner der Freifrau von Baráty und ihrem Gemahl die Freude machen wollte, heute nach der Vorstellung auf einem kleinen Gesellschaftsabend zu erscheinen? Ich schickte zu meinem Mann. Er sollte entscheiden.

Vor dem Bühneneingang wartete ein Coupé. Der livrierte Diener hielt den Wagenschlag offen, ein zweiter in gleicher Kleidung saß im Führersitz. Es ging zu einer Villa am Nollendorfplatz.

Die Hausfrau begrüßte uns, und mein Mann sagte ihr, daß ich nicht Fräulein von Martens, sondern Frau Goetz sei! Die Dame bat sich aus, es niemand wissen zu lassen, bis sie selbst sich das Vergnügen machen würde, es bekanntzugeben.

Es wurde ein herrlicher Abend! Wir immer per »Sie« mit vielen Entgleisungen, die mit Grandezza überhört wurden. Auf dem Höhepunkt der Stimmung verkündete die schöne Frau des Hauses:

»Meine Herren und Damen, ich möchte Ihnen ein süßes Geheimnis verraten: Fräulein Valérie von Martens und Curt Goetz sind verheiratet!«

»Nein! Seit wann?«

»Seit übermorgen«, sagte mein Mann.

Unter hundert Fragen kam man auch auf die Trauzeugen zu sprechen. Aber die hatten wir ganz vergessen. Zwei der Gäste, das reizende Ehepaar Margerith und Udo la Roche, gewannen das Rennen um die Besetzung dieser Rollen. Und daraus ist dann eine lebenslange Freundschaft geworden.

In den Tagen, als ich meine Erinnerungen niederschrieb, rief mich Margerith wieder einmal aus Ascona an. Wir kamen auf dieses und jenes und natürlich auch auf alte Zeiten zu sprechen.

»Weißt du noch«, fragte ich, »›Tageszeiten der Liebe‹, der Abend, an dem wir euch kennenlernten, unsere Trauung am Sophie-Charlotte-Platz?«

»Natürlich, genau!«

»Und erinnerst du dich noch an das herrliche Fest, das ihr uns am selben Abend gabt?«

»Ach, Valérie! Jetzt, nach so langer Zeit, ich will gar nicht nachrechnen, wie viele Jahrzehnte es her sind, da muß ich dir etwas gestehen: Dein Mann hat damals in seiner unvergeßlichen Tischrede auf alle Anwesenden einen Vers gemacht. Nur auf uns nicht! Erinnerst du dich noch, wie wir gewettert haben? Er steckte Udo später ein Kärtchen zu, aber er hat uns streng verboten, dir unseren Vers zu verraten. Du warst uns allen damals auch zu schade dazu in deiner Zartheit. Aber heute würde er sich freuen, daß wir die Zeilen so treu behalten haben und dir jetzt damit ein Lächeln abzwingen können. Hör mal zu, Valérie.« – Ich weiß, so sehr ich Pikanterien genießen kann, zumal wenn sie von meinem Mann erdacht sind – sie auszusprechen, kleidet mich nicht. Hier aber kommen sie aus dem Munde einer Frau, die den Charme gepachtet zu haben scheint:

»Daß Ihr für uns gezeuget habt,
Das war von Euch sehr scheene,
Nach dem Gesetze dürfen wir
Von heut' ab das alleene!«

KURT GÖTZ – CURT GOETZ

Ist es dem verehrten Leser aufgefallen, daß hier einmal Kurt Götz und das andere Mal *Curt Goetz* geschrieben steht?

Damit hat es seine Bewandtnis. Ich bin da in eine Schlinge geraten, die ich mir selber legte, denn ich weiß jetzt oft nicht mehr, welcher Schreibform ich mich bedienen soll. Bevor ich aber zu einem Kapitel komme, in dem Papiere bekanntlich eine große Rolle spielen – zu unserer Trauung nämlich –, möchte ich diese Frage klären.

In seinem Geburtsschein heißt mein Mann *Kurt Götz*, und da er mit seinem Namen sehr zufrieden war, nannte er sich auch als Schauspieler so wie er hieß. Auf allen alten Theaterzetteln steht *Kurt Götz*.

Als er dann im Jahre 1911 zu schreiben begann und schon seine Erstlingswerke mit Erfolg über die Bühnen gingen, riet ihm sein erster Berliner Verleger, Österheld, als Autor einen anderen Namen zu wählen. Und dies mit Rücksicht auf Übersetzungen, da man in England, Frankreich und Italien mit dem »ö« nichts anzufangen wüßte. Aber da mein Mann den Namen seiner Mutter liebte, wie er alles liebte, was mit Mütterchen zusammenhing – einer der Grundcharakterzüge aller Götzens übrigens –, nannte er sich als Autor *Curt Goetz*.

Wir waren lange Zeit ängstlich bemüht, den Namen des Schauspielers und den »Künstlernamen« des Autors und Regisseurs fein säuberlich auseinanderzuhalten, aber mit der Zeit gaben wir es auf, und jetzt heißt es überall *Curt Goetz*.

Von nun an will auch ich ausschließlich diese Schreibform benutzen, selbst wenn eine Begebenheit in die Zeit zurückspielen sollte, da es noch *Kurt Götz* hieß und obwohl seine Signatur, sein Autogramm, wenn Sie es genau betrachten, immer noch *Kurt Götz* ist.

Der Name begegnete uns oft im Laufe der Jahre. Immer wieder haben sich junge Schauspieler seinen Namen als Künstlernamen beizulegen versucht. Wir haben eine ganze Sammlung von Korrespondenzen über diesen wunden Punkt. Es bedurfte mancher Ratschläge oder Zurechtweisung, bis die jungen Leute, je nach dem Grade ihrer Feinnervigkeit und Bildung, zur Einsicht kamen, daß es nicht in Ordnung sei, einem Künstler den mit Fleiß und Schweiß erworbenen Namen zu stehlen. Mein Mann, in seiner Nachsicht, duldete es mehr oder weniger lang, denn, so sagte er, die Entlehnung eines fremden Namens komme aus dem bedauernswerten Gefühl der eigenen Unzulänglichkeit.

Nur zweimal in unserer langen Laufbahn am Theater sind wir Künstlern begegnet, die diesen Namen mit vollem Rechte trugen, denn meines Mannes erste Ehe und auch die unsere blieb kinderlos.

Es war 1925. Wir waren jung verheiratet und gastierten in Prag mit »Ingeborg« und »Tageszeiten der Liebe«, und zwar vom 16. bis 24. Mai. So steht es in unseren Tagebüchern. In dieser Zeitspanne hatten wir einen freien Abend. Der Prager Direktor bat uns, ihn nicht zu vergeben, da er eine Überraschung vorbereitete. Und zwar setzte er »Menagerie« an, und wir sollten dieser »Festvorstellung« beiwohnen. Ich freute mich, denn ich hatte diese Einakter noch nie gesehen, und ein Abend ohne Theater war für mich zeitlebens kein Abend. Aber mein Mann lächelte sehr gezwungen, als er einwilligte, und sagte mir dann, daß er ungern in seine eigenen Stücke ginge. »Wenn alles so anders ist, als ich es mir am Schreibtisch dachte, tut mir das richtig weh. Ich mache mir dann Gedanken, weil ich herausfinden will, was an meinem Stück nicht stimmt, wenn es so anders aufgefaßt werden kann, als ich es gemeint habe. Spät kam ich darauf, daß es der Regisseur sein muß, der den Schauspieler sich nicht in den bequemen Fauteuil setzen läßt, der ihm bereitgestellt ist, sondern versucht, etwas ganz Ausgefallenes, ›Originelles‹ zu machen. Sicher ist es am schwersten, nur so zu sprechen, wie einem der Schnabel gewachsen ist, und so natürlich zu sein, wie es da steht. Eine Natürlichkeit übrigens, zu der man über einen sehr großen Umweg der Künstlerschaft gelangt, nicht eine aus Respektlosigkeit und Wurstigkeit!«

»Wie könnte man deine Rollen anders auffassen, als sie geschrieben sind? Das gibt es doch gar nicht!«

»Sag das nicht! Da war ich einmal von Direktor Rieser in Zürich zu einer Vorstellung von ›Nachtbeleuchtung‹ eingeladen. Vorher sagte er mir, ich würde meine helle Freude haben an meinem ›Fliegenden Geheimrat‹, da der Schauspieler, der den Tod darstelle, so überzeugend sei, daß die Szene nach der seinen völlig abfiele, was einem beim Lesen unbegreiflich erscheine.«

In diesem Einakter wohnen wir der letzten Ordination eines alten Arztes bei, nachdem er seiner Frau versprochen hat, seine Praxis endlich aufzugeben. An der Art, wie der alte Herr seinen Patienten behandelt, sehen wir, daß er kein »berühmter« Arzt ist!

»Der nächste bitte«, sagt der Geheimrat, und ein etwas merkwürdig aussehender Herr kommt herein. Er nennt sich Mors, wohnt überall und nirgends, weiß nicht genau, wie alt er ist und dergleichen mehr. Als der Geheimrat ihm in den Rachen guckt, wird er von dem Anblick und der Wolke von Abgrundodem fast vom Schlage getroffen.

»Ich bin's wirklich. Ich bin der Tod!«

Und Herr Mors erklärt, daß er bereit sei, einen Pakt zu schließen: Wenn der Geheimrat seine Praxis nicht aufgäbe, da er Herrn Mors doch so schön in die Hände arbeite, würde er ihn, obwohl er längst fällig sei, nicht abholen. Dem »Fliegenden Geheimrat«, der wie der »Fliegende Holländer« nun bedingungsweise weiterleben darf, bleibt die schwere Aufgabe, dieses wenig ehrenvolle Angebot seiner Frau beizubringen.

Mein Mann erzählte, daß er sich nach Riesers Ankündigung auf die Vorstellung gefreut habe.

»Ich traute meinen Ohren nicht, als es klopfte, bevor Herr Mors auftrat! Es war kein normales Klopfen, so wie es im Buche einfach heißt: Es klopft. Das Schicksal pochte an die Tür, in unheilschwangerem Rhythmus: Tam tam tamtamtam... tam tam tamtamtam! Schon vor dem Auftritt war das Mißverständnis klar! Die Tür öffnete sich von Geisterhand, der Tod, mit auf den schwarzen Rock gemalten Rippen und einem als Schädel geschminkten Kopfe stand im Rahmen. Und als er Platz zu nehmen hatte, da knackte es in seinen Gelenken, was der Darsteller mit Kastagnetten, die in den langen Ärmeln versteckt waren, ganz großartig machte.

Eine kabarettistische Höchstleistung! Aber ich, als Autor, war umgebracht. Die Kreise, die im Dialog zwischen Mors und dem Geheimrat immer enger werden, bis dieser endlich erkennen muß, daß der Tod selbst vor ihm steht, waren überflüssig, ja lächerlich! Denn da war nichts allmählich sich Heranschleichendes zu erkennen!

Was sagen Sie, Herr Goetz, strahlte der Regisseur nach dem Fallen des Vorhanges mich an, ist das eine Leistung? Niederschmetternd, sagte ich und willigte nur zu gern ein, daß die letzte Szene, deretwegen der Einakter geschrieben war, jene zwischen Herrn und Frau Geheimrat, gestrichen würde. Der Darsteller des Mors war Luis Rainer, der auf diese Rolle hin zu Reinhardt engagiert wurde. Und das war seine Strafe«, fügte mein Mann lachend bei, denn er mochte Rainer sehr, »daß er dann bis an sein Lebensende nur mehr den Tod in Jedermann spielen durfte. Diesen aber unübertrefflich, obwohl das Klappern mit den Kastagnetten wegfallen mußte! Bei Hofmannsthal deckte sich Rainers Auffassung von der Rolle mit der des Dichters, nur mit meiner Rolle deckte sie sich keineswegs!«

Wir gingen also ins Theater — und erlebten auch diesmal eine Überraschung: eine bezaubernde Aufführung mit einem Hauptdarsteller, der uns entzückte.

»Wer ist das«, fragte mein Mann, »der ist ja viel besser als ich!«

Man schob uns ein Programm hin.

MENAGERIE
von
Curt Goetz

und bei jeder der vier Hauptrollen stand:

Der Spatz vom Dache, Der junge Mann	Kurt Götz
Die Taube in der Hand, Balthasar	Kurt Götz
Der Hund im Hirn, Tottori	Kurt Götz
Der Hahn im Korb, Kurt	Kurt Götz

Wir verbrachten einen reizenden Abend, Herr und Frau Götz mit Herrn und Frau Goetz. Natürlich waren Photographen eingeladen worden, und dann kamen Bilder in den Blättern mit Texten wie: »Herr Goetz schüttelt sich selber die Hand« oder »Zwillinge?« oder »Herr Goetz im Selbstgespräch«.

Dieser Kurt Götz – er stammte aus dem ehemals österreichischen Böhmerland – hieß wirklich genauso wie mein Mann und sah ihm ähnlich, obwohl nicht die entfernteste Verwandtschaft festzustellen war. Obendrein glich er meinem Mann in den Bewegungen, in der Diktion und in der Auffassung der Rollen, obwohl er nie Gelegenheit gehabt hatte, ihn auf der Bühne zu sehen. Das beruhe auf der geistigen Verwandtschaft zweier schöner Seelen, behauptete ich.

»Sollte mich mein guter Stern jemals in ein Engagement nach Wien oder Berlin führen, lieber Herr Goetz«, sagte er, »dann ändere ich meinen Namen. Das versteht sich von selbst.«

»Wenn Sie so weitermachen, mein lieber Herr Götz«, erwiderte mein Mann, »dann werde *ich* meinen Namen ändern müssen!«

Wir merkten an jenem Abend nicht, daß dieser reizende Kurt Götz im Krieg sein rechtes Bein bis zum Knie eingebüßt hatte, was er mit Bravour zu verbergen verstand; niemand konnte es ahnen, wenn er leichtfüßig über die Bühne schritt, wie seine Rolle es gerade verlangte. Leider starb er aber doch an dieser Kriegsverletzung, die sein liebes Herz auch mitgenommen zu haben schien.

Und nun kommt der zweite richtige Kurt Goetz. 1937 lernten wir ihn brieflich kennen. Da schrieb er:

»Sehr verehrter Herr Curt Goetz,
anliegend sende ich Ihnen zwei Briefe, die irrtümlich an mich gerieten. Immer wieder mahne ich die Zeitungen, mich nicht mit ›C‹ zu schreiben und bitte stets, meinen Mittelnamen nicht wegzulassen. Ich habe deswegen schon gehörig Krach gemacht. Bei Ihnen, Herr Goetz, möchte ich mich aber entschuldigen. Ich habe, als ich mich mit Theater zu befassen begann, meinen Namen derart geändert, daß man mich nie in Verbindung mit Ihnen bringen kann. Die zwei knappen Silben hinter-

einander: *Curt Goetz* sind auch für mich ein hoher ehrfurchtgebietender Begriff, weshalb ich mich *Kurt Arnold Goetz* nenne.«

Das war 1937. Der Krieg kam dazwischen, und wir verloren diesen vornehmen Namensvetter leider aus den Augen.

1949/50, als mein Mann seinen Film »Frauenarzt Dr. Prätorius« herausbrachte, da meldete sich Herr Kurt Arnold Goetz wieder. Er schrieb:

»Ich darf Ihnen hier einen ganzen Stoß Briefe senden, die für Sie und nicht für mich bestimmt sind. Immer und immer wieder schreibt die Presse mich mit ›C‹ und vergißt meinen Mittelnamen. Das haben sie noch aus der Nazizeit her, wo mir die Theaterkammer fast gebot, mich so zu schreiben wie Sie, verehrter Herr Curt Goetz, was ein Grund mehr für mich war, dies nicht zu tun. Es bleibt mir also nur übrig, mich bei Ihnen gebührend zu entschuldigen, und ich möchte Ihnen als Sühne meinen letzten Einakter ›Das schwarze Souper‹ senden. Sühne? Nun müssen Sie ihn lesen, also noch eine Zumutung meinerseits! Verzeihen Sie! . . .«

Wir lasen den Einakter, und zu unserem größten Erstaunen war sein Inhalt die auf Rollen verteilte »Schwammerlgeschichte« aus »Frauenarzt Dr. Prätorius«! Ja, so etwas gibt es auch! Als mein Mann »Hokuspokus« herausgebracht hatte, kam kein Geringerer als der Dichter Ludwig Fulda nach der Vorstellung in die Garderobe und sagte:

»Wenn nicht Sie es wären, mein lieber Herr Goetz, und wenn ich nicht wüßte, daß mein neues Opus nie aus meiner Schreibtischlade kam, müßte ich den Autor von ›Hokuspokus‹ wegen Plagiates verklagen. So aber gehe ich nach Hause und zerreiße mein Stück.«

Fulda hatte zu genau der gleichen Zeit genau das gleiche Thema bearbeitet wie mein Mann: Die Frau eines Malers sitzt in tiefer Trauer vor Gericht, angeklagt, ihren Mann bei einer Bootsfahrt ertränkt zu haben. Die Ähnlichkeit des Themas war verblüffend.

Kurt Arnold Goetz hat uns sein Bild gesandt. Und auch hier finde ich, daß eine Ähnlichkeit besteht. Bei ihm wäre sogar eine Verwandtschaft möglich, wenn sie auch sehr weit zurückläge, da sowohl seine, wie die Vorfahren meines Mannes mit den Hugenotten aus Frankreich kamen. Aber diese mögliche Verwandtschaft war es nicht, die meinem Mann und dadurch auch mir eine starke Sympathie für unseren Namensvetter abzwang. Es ist die innere Haltung des Herrn Kurt Arnold Goetz, die Achtung, die er dem Kollegen entgegenbringt, die angeborene Feinnervigkeit. »Man kann nicht immer gegen den Strom schwimmen, aber man muß stets genug Charakter haben, sich nicht mitreißen zu lassen«, war ein Wahlspruch meines Mannes. Er paßt gut auf Herrn Kurt Arnold Goetz! Wahrscheinlich wäre es in den Jahren 1933–44 vorteilhafter für ihn gewesen, sich »mitreißen« zu lassen. Aber er verzichtete. Das macht ihn verwandt.

DER 20. DEZEMBER 1923

Je näher der Tag unserer Trauung rückte, desto weiter wollte ich ihn hinausschieben. Wir waren so glücklich, daß ich nur einen einzigen Wunsch haben konnte: Nichts sollte sich ändern! Für meine Familie wäre der Verzicht auf eine Heirat allerdings undenkbar gewesen, aber ich hätte sie und alles aufgegeben für das Leben mit diesem Mann.

Die Trauung war auf den 20. Dezember 1923, neun Uhr festgelegt, im Standesamt am Sophie-Charlotte-Platz, Zimmer 5, rechts, zu ebener Erde.

Ich dachte an kein Brautkleid und keinen Schleier, wir ließen uns keine Ringe machen, wir wollten tun, als ob gar nichts wäre, ja, mein Mann setzte für zehn Uhr eine Probe in den Kammerspielen an, wo zu Silvester »Ingeborg« starten mußte.

Eine einzige weiße Rose hatte er am Tage zuvor heimlich gekauft und steckte sie mir an den Mantel. Fünfzehn Minuten vor neun waren wir an Ort und Stelle, im überfüllten Zimmer 5.

Pünktlich kam auch unsere Trauzeugin, die schöne Baronin Margerith. Sie trug ein schickes Hütchen aus rosa Rosenblättern, in gekonntem Kontrast zu den kostbaren Smaragdtropfen in den Ohren. Udo, ihr Mann, würde jeden Augenblick da sein!

Zehn Minuten vor neun wurden wir aufgerufen und zwängten uns durch die Menge, um unsere Papiere abzugeben. Da fehlte Baron Udo unserem Beamten bereits sehr.

»Wenn Sie um neun nicht vollzählig eintreten, ist vor Februar kein Termin mehr frei. Sie sehen ja, was sich bei uns tut!«

Durch das weite Fenster konnte man den Sophie-Charlotte-Platz überblicken. Margerith spähte unruhig nach ihrem Udo.

Plötzlich ließ mein Mann meinen Arm fahren, stieß alle Umstehenden zur Seite, rannte hinaus, über den Platz und verschwand im Tunnel der Untergrundbahn.

»Der türmt«, sagte eine Männerstimme.

Alles lachte. Ich, als frisch importierte Wienerin, verstand das nicht und nickte dem Herrn verbindlich zu. Nach ein paar Minuten kam mein Mann atemlos an und schob einen dicken verfrorenen Taxichauffeur vor sich her.

»Sie können also trauzeugen, mein Herr?«

»Na und ob«, sagte der.

Und so standen wir zwei vor dem Standesbeamten, uns gegenüber die fürstliche Margerith La Roche und der Taxichauffeur mit der blauroten Gurkennase, der die durchlöcherten Handschuhe gar nicht von seinen klammen Fingern kriegte zu seiner so unerläßlichen Unterschrift. Udo war für einen Moment aus der Untergrundbahn aufgetaucht, hatte sich einmal umgeschaut und war wieder umgekehrt. Das hatte mein Mann durchs Fenster gesehen, war ihm nachgeeilt, aber zu spät gekommen, denn unser Baron war schon wieder auf der Fahrt zum Viktoria-Louise-Platz. Die zwei Doppelnamen hatten ihn verwirrt.

Um zehn Uhr standen wir auf unserer Probe.

Als sie zu Ende war, machte mein Mann sich allerhand zu schaffen, so daß wir als letzte das Bühnenhaus verließen. Sehr spät verließen. Denn er hatte eine Überraschung für mich!

In seiner Garderobe, vor seinem Schminkspiegel, dem er mich in einer kurzen Ansprache als seine Frau präsentierte, steckte er mir einen Brillantring an den Finger. Wo brachte er den her? Ersparnisse gab es damals in der Inflation keine. Viel später kam ich dahinter. Er hatte drei Prozent von seinen Tantiemen an der »Toten Tante« dafür bezahlt. Ein teurer Ring! Aber ich möchte ihn noch heute nicht eintauschen.

Dann ging er noch einmal mit mir auf die Bühne, um mich auch da noch vorzustellen als seine Frau: Den Kulissen und Versatzstücken, der Versenkung und dem Schnürboden, dem Souffleurkasten und der Requisitenkammer. Überall hielt er eine kleine Rede und wenn diese Herrschaften nicht an »absolute Ruhe, bitte« gewöhnt wären, dann hätte man in den Kammerspielen nie mehr eine Vorstellung zustande gebracht vor lauter Gelächter und Getratsche und Getuschle. So aber hatten sie ihre stille Freude an seinen Einfällen und Kapriolen, und immer, wenn ich wieder an ihnen vorbeikam, knisterten sie leise:

»Weißt du noch?«

Ja, es ist etwas Wunderbares um die Schweigsamkeit der Dinge. Sie sind Zeugen unserer Zärtlichkeiten, unserer Küsse, unseres Glücks und verraten uns nicht. Und wenn der Kreis der Freunde um uns kleiner wird, sind sie immer noch da. Zu ihnen können wir immer noch sagen:

»Weißt du noch?«

Als wir nach Hause kamen, stand Maxe da mit einem Rosenstrauß.

Im Zimmer lag ein großes Paket.

Vom Franzl.

Ein mit viel Liebe ausgesuchtes Hochzeitsgeschenk. Ihn hatte mein Mann auf dem laufenden gehalten. Eine Karte lag dabei mit ein paar sehr innigen Worten für uns beide – und dann hat er nie wieder von sich hören lassen. Ja, ich hatte immer Glück mit meinen Trabanten.

In der Wiener Akademie, wo ich in die Schauspielschule ging, hatten wir einen Lehrer, der seine Stunden stets damit einleitete, daß er uns ein paar Zeilen vorlas, um uns dann den Autor erraten zu lassen. Dieser Schulung verdanke ich es, daß ich im ganzen Leben niemals ein Buch las, das mir nicht lesenswert erschien, und daß ich meinem Mann seine Lektüre aussuchen durfte. Ob ich dieser herangebildeten Fähigkeit auch die Sicherheit in der Wahl meiner Freunde verdanke? Ober ob ich einfach Glück habe?

Beides, wahrscheinlich!

DIE FAMILIE

Ich lernte seine Mutter kennen.

Sie empfing mich mit offenen Armen und »liebte mich, ehe sie mich gesehen«, wie mein Mann es mir nach Wien geschrieben hatte. Obwohl ihr Sohn jedes Mädchen von Rang und Namen hätte heimführen können, wurde sie nie müde zu sagen:

»Was hat mein Junge für'n Glück gemacht.«

Wenn mir jemand aus ihrem Bekanntenkreis begegnete, so fing das Gespräch damit an: »Sie, kleine Frau, kenne ich schon aus den Erzählungen Ihrer Schwiegermutter!« Ich hätte das Dümmste anstellen können, unser Mütterchen hätte bewundernd ausgerufen:

»Wie haste das wieder gemacht, mein Herze!«

Aber das Schönste, was sie mir sagte, war, daß ihr Junge mich nie eine Träne kosten würde, so wie er sie zeitlebens nie eine Träne gekostet habe.

Vater, Mütterchens zweiter Mann und Stiefvater meines Mannes, war jener Herr, der meinen Namen »Valérie« so schön auszusprechen wußte, wie es sonst nur die Franzosen fertigkriegen. Und dabei sah er mich dann sehr liebevoll aus seinen himmelblaulustigen Augen an.

Meines Mannes Stiefschwestern liebten ihren Bruder abgöttisch, und infolgedessen liebten sie mich. Ich war geborgen.

Zur Familie gehörte auch Bianca, meines Mannes irische Setterhündin. Er hatte sie von einer Dame aus dem Publikum geschenkt bekommen, als Sühne dafür, daß er sie aus seiner Vorstellung hinauswerfen wollte! »Entweder *Sie* reden, meine Gnädigste, *oder* ich. Und wenn Sie sich unter ›Menagerie‹ etwas anderes vorgestellt haben sollten ... der Zoo ist gegenüber.« Applaus, und eine schöne Frau verkriecht sich in den Fond ihrer Parterre-Loge. Und tags darauf kommt die kleine Bianca mit einer Riesentrauerschleife um den Hals: »Verzeihen Sie, ich bin untröstlich. Seit Wochen liege ich dem englischen Botschafter in den Ohren, sich mal *unseren* Shaw anzusehen. Endlich habe ich es geschafft und übersetze ihm jedes Wort. Und da schmeißen Sie mich raus! Das Schönste, was ich im Augenblick habe, soll Sie versöhnen. – Sie heißt Bianca.

Gräfin R. von der Schulenburg.«

DER SERVIETTENKNÖDEL

Wir lebten zu dritt, denn Max schlief zwar in seinem nahen möblierten Zimmer, war aber den ganzen Tag da. Ich kochte für uns drei. Das heißt, ich versuchte es, mit einem durch keinerlei Vorkenntnisse getrübten Ehrgeiz, denn unsere alte böhmische Toni zu Hause fand es ganz »ausschlossn«, daß jemand von der Herrschaft die Küche auch nur betrat. Von meinen Großeltern, zu denen sie als Vierzehnjährige gekommen war, sagte sie: »No die alten Heschaftn, des warns es noch vornämme Laiite. Hättns unseran net amol bemerktet!«

Max verstand es, Gott sei Dank, Suppe und Gemüse zu bereiten, und ich verlegte mich mehr auf Leckerbissen.

Einmal, als wir die Eltern zu Tisch geladen hatten, wollte ich einen »Serviettenknödel« versuchen, eine Spezialität, die meinem Mann in Wien so besonders geschmeckt hatte. »Das Kochen braucht man eigentlich gar nicht zu lernen, Max«, sagte ich, »wenn man vorher ein bißchen überlegt, geht alles ganz leicht.«

»Ich habe es auch nie gelernt, Vallcheri«, erwiderte Maxe, »nur durch Erfahrungen, aber die sind ja dazu da.«

Woraus konnte so ein »Serviettenknödel« bestehen? Er schmeckt nach gebräunter Zwiebel, also ist die drin. Salz auf alle Fälle. Und jeder Knödel ist aus Mehl und Wasser.

Max, als echter Stuttgarter, kannte »Spätzle«, die ihrer Konsistenz nach etwas Ähnliches sein mußten, aber die kannte ich wiederum nicht, und so blieb es bei meinem »Serviettenknödel« aus Wien.

»Denk bitte nur daran, Vallcheri, daß es nicht leicht sein wird, die zwei Kilo Mehl, die du da verwenden willst, wieder zu ergattern. Es ist dann auch gar keines mehr im Haus!«

Ich nahm vorsichtshalber nur ein Kilo Mehl, salzte, mischte es mit Wasser und gebräunter Zwiebel. Die war allerdings etwas zu braun geworden, aber Max fand, daß sich das im ganzen verlieren würde. Außerdem war gar keine andere Zwiebel mehr da.

Ich formte eine gewaltige Kugel, drückte sie etwas flach, so daß sie die Form eines Curling-Steins bekam, legte sie in die Mitte einer Serviette, wie ich das zu Hause mal flüchtig gesehen hatte, nahm die vier Zipfel hoch, tauchte das Ganze in einen schönen weißen Emailletopf mit etwas Wasser — und ließ es kochen. Das sieht jetzt schon sehr lecker aus und wird sicher zwei Stunden brauchen, dachte ich.

Es war elf, um eins kamen die Eltern, alles klappte, wir konnten ins Zimmer gehen und gemütlich lesen.

Nach einer halben Stunde etwa stand Bianca auf und sog mit langen, hörbaren Zügen die Luft durch die untere Türspalte ein, legte dann ihren Kopf auf mein Knie und sah mir tief in die Augen.

Kurz darauf guckte Max von seinem Buche hoch, schöpfte tief Luft, auch hörbar und auch durch die Nase und sagte:

»Kann das anbrennen, Vallcheri?«

»Ausgeschlossen, Max, Wasser brennt nicht an.«

Aber zur Vorsicht sahen wir doch nach. In der Diele war es ziemlich qualmig, und in der Küche konnte Maxe sich gerade noch ans Fenster tasten, um es aufzustoßen, sonst wären wir erstickt.

Ich hatte eine wertvolle Erfahrung gemacht: Wasser kann zwar nicht anbrennen, aber heimtückisch verkochen! Und das hatte es getan. Der Topf glühte und dampfte wie eine Berglokomotive, so daß Max ihn mit Hilfe eines Lappens nur rasch auf die kühlen Steinfliesen gleiten lassen konnte.

»Am besten, Vallcheri, gießen wir Wasser drauf.«

Das ging.

»Und jetzt heben wir den Knödel in einen anderen Topf.«

Das ging nicht. Die Serviette ließ sich herausnehmen. Leicht sogar. Sie hatte ein schwarzumrändertes Loch in der Größe des Knödels, der festgebraten oder festgeröstet, jedenfalls festgebrannt war.

»Wie kriegen wir den nur heraus, Maxe, ohne ihn zu zerbrechen?«

Mit den Händen ging es nicht. Dazu saß er zu nahe an den Wänden. Und er war auch zu glatt, zu glitschig. »Das kommt vom kalten Guß, Vallcheri, vom Abschrecken, aber das ist ganz richtig, das macht man bei allen Teigwaren so, auch bei Spätzle.«

Der Ingenieur in Maxe war es, der auf die Idee kam, den Werkzeugkasten hinzuzuziehen. Mit Hilfe einer langen Feile und des biegsamen Fuchsschwanzes gelang es uns, den Knödel zu lösen.

Nun füllten wir den größten Topf, den wir finden konnten, mit Wasser, diesmal bis an den Rand, und da mußte mein Knödel hinein, was durch seine Glätte mit solcher Vehemenz geschah, daß der ganze Herd überschwemmt war.

Max steckte das Gas wieder an.

»Halt«, schrie ich, »halt, die Serviette!«

»Was soll die eigentlich, Vallcherie?«

»Aber Max, das ist doch die Hauptsache!«

»Soll die denn mitgegessen werden?«

»Ach wo, aber kochen muß der Knödel drin, das weiß ich genau. Darum heißt er doch Serviettenknödel.«

»Wenn du glaubst, Vallcheri.«

Der Topf mußte also erst wieder entleert werden. Mit vereinten Kräften schleppten wir das Riesending an die Leitung und schütteten das viele Wasser in den Ausguß. Mit dem Knödel natürlich.

»Spül ihn gut ab, Maxe, und leg ihn dann vorsichtig auf den Tisch in die neue Serviette.«

»Das sagst du so leicht, Vallcheri. Der rutscht ja immer weg, wie ein Stück Seife.«

»Laß mich das machen, Max.«

Als ich den Knödel auf dem Tisch neu einpacken wollte, sah ich, daß er auf seiner unteren Seite kohlschwarz war.

»Das müssen wir wegschneiden, Max.«

»Natürlich, sonst werden wir den leichten Brandgeruch nie los.«

Leicht war leicht untertrieben.

Kein Messer war scharf genug.

»Der ist eben noch nicht ganz gar«, sagte Max beruhigend, da er meine steigende Nervosität bemerkte, und nahm den Fuchsschwanz, der noch dalag. Ich hielt, Maxe sägte, und es gelang!

Nun schnell die Serviette zugeschlagen, in den Topf mit meinem Knödel, und in einer Stunde ist das Gedicht auf dem Tisch! Und das mußte es sein, denn die Eltern waren immer pünktlich.

Um es kurz zu machen:

Mein gutes Curtchen, Böses ahnend, nahm mir ritterlich die Aufgabe des Zerschneidens ab, Maxe sagte so ganz nebenbei, daß er heute eigentlich gar keinen rechten Appetit hätte, Vater sprang plötzlich vom Tisch auf, denn er hatte ganz vergessen, daß sein Cellofreund im Café auf ihn warten wollte, um mit ihm und meinem Mann etwas ganz Dringendes zu besprechen. Und so mußten die Herren fort, so leid es ihnen auch tat. Bianca roch an ihrer Schüssel und zog den Schwanz ein.

Aber Mütterchen kaute und kaute und sagte dann bewundernd:

»Wie haste das nur wieder gemacht, mein Herze!«

DIE ANKUNFT DER TONI

Am Nachmittag sollte sie eintreffen, die Toni! Ich hatte zum Kaffee gedeckt. Eine Taxe fuhr vor, Uschi sprang die drei Treppen hinunter, um mit den Koffern behilflich zu sein, dann kam der Lift nach oben, Uschi stürzte ins Zimmer, flüsterte ganz aufgekratzt: »Sie ist da, sie ist da« und huschte kichernd wieder ab.

Und dann kam Toni. Ein Bild des Jammers: Den Hut, soweit man dieses Erbstück noch einen solchen nennen konnte, schief auf dem Haar, das ihr feucht in wirren Strähnen auf der Stirn klebte. Das Gesicht verrußt und verschmiert von der damals achtunddreißigstündigen Fahrt aus Wien in fensterlosen, vollgepferchten, uralten Waggons, war sie unausgeschlafen und verstört.

»Kiss die Hand«, sagte sie und tat es auch. Erst mir, dann meinem Mann und dann Maxe, »wann i bittn derf, ob i mi erst waschn dürftet, bitt scheen die Heschaftn.«

Sie verkroch sich ins Badezimmer, und meine Männer guckten sich an.

Dann ergriff Maxe das Wort:

»Ick wees nich, ick hab' mir so'n Wiener Mädl eigentlich etwas anders vorgestellt«, sagte er ernst und gemein. Nach unserer jungen schönen Uschi war es auch schwer, sich umzustellen. Aber leider genügten die Kenntnisse dieser kleinen »Stütze« nicht an der Seite einer Hausfrau, die selber keine Ahnung vom Haushalt hatte!

Toni kam frisch gewaschen in einem weißen Bluserl wieder.

»Ich soll ich Griesse und Kisse bringen von de gnädigen Frau Baronin und von de Baronesse Mariahne, no is es bildscheen und Kochbichl von de gnädigen Frau Geheimrätin Großmama selig hab i bringen missen, brauchts me ja nicht, wanns i da bin, aber gnädige Mama hats es wolln — na de Vorhäng sans aba net scheen, Freilein, tut me morgn gleich hinunta und wern me waschn und was wern me kochn morgen, was hats es der gnädige Baron von Goetz gern und de Herr von Kaufmann?«

Mir ging das Herz auf, und meine Männer kriegten den Mund nicht zu. Uschi machte wahrscheinlich das erstemal in ihrem Leben ein ernstes Gesicht und sah Toni an, wie man einen seltenen Käfer betrachtet.

Aber meine Toni hatte schon gewonnen. Sie war schon zu Hause.

Uschi brachte den Kaffee, und Toni servierte nach allen Regeln der

Kunst. Dann nahm sie ihre Tasse vom Tisch, setzte sich auf einen Stuhl ganz an der Tür, und von dort aus führte sie die Konversation:

»Wanns die Heschaftn erlaubn, wer i mi da hersetzen, danke scheen! Na, is es indrisantes Land diese Deitschland. Abe in Wien hans mi gsagt, daß me hier deitsch spricht. Was spricht me hier fier Sprache, bitte die Heschaftn? Ma wird me das scho machn, nur Anfang is es halt schwer. Meine Mutta selig hats es ihma gsagt, ma wird me alte Kuh und ma lernt me ihma noch dazu!«

Und dann holte Max unsere Bianca, die wir bei Lindemanns untergestellt hatten, um den Empfang nicht zu turbulent zu gestalten.

»Na so was Scheenes«, flötete Toni in ihren höchsten Tönen, »no wern me mir gute Fressi kochn, sagst me du wast es willst. Vastehst es a net deitsch? No des lern i dir, wenn me Gassi Gassi gehn!«

Bianca stand vor. Wie ein Standbild! Eine Pfote gehoben, bewegungslos, gebannt. Nur die Ohren gingen ruckartig, gegen ihren Willen, auf und nieder bei diesen fremdartigen niegehörten Lauten. Sie wartete auf einen Befehl, drehte die Augen vorsichtig zu meinem Mann, und da kein Befehl kam, duckte sie sich unmerklich und setzte Toni mit einem Hundefreudenschrei mitten ins Gesicht. Beim Heruntergleiten fraß sie ihr noch schnell das Stück Kuchen vom Teller, was Toni so besonders »gscheit« von ihr fand.

»Da sicht me wiede! Ma sagt me, wenns de Herrgott a Türl zuschmeißt, machts er anderes auf. Ma spricht me net deitsch in Berlin, abe Hünd ham me dafier!«

Max drückte sich.

Er habe Angst, sagte er!

»Angst?«

»Daß ich im Laufe des Abends zum Herzog avanciere!« Das sei ihm in unserer Republik zu gefährlich, meinte er.

Am nächsten Morgen kam Toni uns zu wecken, da wir Probe hatten. Ganz langsam und leise hörten wir sie im Zimmer herumschleichen.

»Damits es Heschaftn net aufwachn. Wie hams es Heschaftn geschlafn, bitt scheen? Und was hams es Heschaftn tramt?«

»Geträumt«, übersetzte ich.

»Mir hat geträumt«, sagte mein Mann, »wir machten eine Seereise und lagen in einem südlichen Hafen.«

»No des is es scho sehr gut! Da werns es Heschaftn heite große Glick ham! War Wasser, bitt scheen, klar oder trieb?«

»Gelb und schlammig.«

»No das is es sehr schlecht! Da werns Heschaftn heite . . . abe ham me heite Donnestag und von Miedwoch auf Donnestag giltet bitt scheen sowieso nicht!«

Auf dem Wege zur Probe wollte mein Mann an einer Buchhandlung halten, um sich ein Taschenwörterbuch für »Wienerisch« zu besorgen. Als ich ihm erklärte, daß das nicht Wienerisch, sondern eine Art Abart, sogenanntes »Kuchlbemmisch«, zu deutsch »Küchenböhmisch« sei, gab er sein Vorhaben auf.

TONI

Antonie Swoboda! Der heilige Antonius, von dem man weiß, daß er alles Verlorene wiederfindet, war ihr Namens- und Schutzpatron, auf den sie baute wie auf einen Felsen.

Zweiundsechzig Jahre lang diente sie unserer Familie. Bei meiner Großmutter hatte sie als Vierzehnjährige angefangen, und als Sechsundsiebzigjährige hörte sie bei uns auf. Wenn sie jetzt meinem Mann irgendwo begegnen kann, wird er sie ans Herz drücken wie eine Mutter und wird die Hände küssen, die so treu für uns geschafft haben, was er doch so gern tat. Dann wird es viel zu lachen geben, denn auch Toni hat Humor, und zum Schluß wird er ihr ein Almosen in die Schürzentasche stecken für ihren heiligen Antonius, auf daß er mir helfe, mich wiederzufinden. Denn Toni steht mit Gott und den Heiligen auf du und du.

Ich war schwer krank in Berlin, 1925, um die Weihnachtszeit.

Bei einer argen Erkältung hatte sich meine Lunge wieder einmal gemeldet, und da nahm Toni meinen sehr verzweifelten Mann an der Hand und führte ihn zu ihrem heiligen Antonius in unsere Westendkirche. Dort ließ sie ihn hinknien und betete ihm vor: »Heilige Antonius, mach unse Fraudi wieda gsund! Du hasts es mi ihma gholfn, hilfst mi auch jetz! De Herrli schenkt die was dafier!« Und dann flüsterte sie, damit der heilige Antonius nicht höre, daß Herrli nicht so genau wisse, was sich schickt: »Jetz muß es de Herrli ihm was gebn.«

Mein Mann zog einen Schein aus seiner Brieftasche, aber wie eine Furie stürzte sich Toni drauf und stopfte ihn in die Tasche zurück!

»Is es de Herrli ganz verrickt worn? Das behalt sich doch de Mesner!« Und dann griff sie ihm in die Rocktasche und nahm ein paar kleine Münzen heraus, steckte sie in den Opferstock, und mit einem streng mahnenden Blick auf den Heiligen sagte sie:

»Aber weiterhelfen!«

Klingt komisch. Doch dahinter steht ein unerschütterlicher Glaube, der wie ein Mantel um die Seele liegt, sie warm hält und sie schützt vor jedem Ungemach. Beneidenswert! Ja, Tonitschku konnte kaum schreiben und sprach nicht einmal ihre Muttersprache richtig, aber sie schritt durchs Leben, sicher wie eine Königin. Das heißt, wie man sich vorstellt, daß eine Königin durchs Leben schreiten sollte. Nichts konnte Toni zustoßen, was sie nicht spielend meisterte. Sie glaubte und diente.

Es grenzte oft ans Wunderbare, was sie fertigbrachte. Sie liebte unsere Setter, von denen wir einmal neun zugleich hatten: Bianca, Bambino, Bandito, Bello, Bono, Barberina, Bordolo, Bucci und Benvenuto. Aber Tonis Liebe war oft unvernünftig. Zum Beispiel lockerte sie den Hunden die Halsketten so sehr, »damit de armen Viecherl bequämm hams«, daß diese sich zu leicht abstreiften, mit den kostbaren Steuermarken verlorengingen, Herrli schimpfen und ständig neue kaufen mußte. Als das zum x-ten Male auf unserem Sommersitz in Merligen am Thuner See passiert war, gestand sie es wieder einmal:

»Abe de heilige Antonius de finds es e gleich«, sagte sie zu mir und noch mehr zu Bandito, der vor ihr saß und der ihrer Auffassung nach jede Silbe verstand, »mi ham me schonn mit ihm grett und jetz gemme zusahmen in Kirchn. Ist es nur protestantische, aber is Kirchn.«

Wir gingen mit Bandito, diesem Strolch, der seinem Namen alle Ehre machte, zum Gotteshaus. Toni nahm ihn mit hinein:

»Da bleibst es, du Mistviech, nebn uns paar Minutn sitzn und tun me betn wegn den vafluchtn Halsbandl, damits es sich de Herrli net wieda ärgern brauchts.«

Nach einer Weile gingen wir drei nach Hause, den schönen Weg auf den Hügeln, hoch über dem See. »Entspannt« würde Coué es genannt haben.

Bandito streunte durch das Gewirr der wilden Büsche und Sträucher. Als er auf Tonis Rufen und Pfeifen, das er ja gar nicht hören konnte, nicht kam, ging sie – ein sinnloses Unterfangen – ins Dickicht, ihn zu suchen, und an einem der unzähligen Ästchen, irgendwo, hing die Hunde-Halskette.

Toni war gar nicht erstaunt.

»No, da muß es Fraudi fier mi in Kirchn gehn und gibts es ihm was dafier. Aber des derf nicht in protestantische sein, da gehts es Fraudi schonn zu ihm selba! Net gleich! Der wart schonn, bis es Baronesse Zeit hat.«

»Toni«, sagte ich, »wie oft soll ich dir noch verbieten, mich so zu nennen. Das gibt es erstens gar nicht mehr, hier überhaupt nicht, und zweitens bin ich jetzt verheiratet und *Frau Goetz.*«

Toni blieb stehen. Dann sagte sie ganz dezidiert, jedes Wort betonend:

»Wann ma sich selbst aus sich nix macht, die andern machns aus einen höxtens, länxtens nix!«

»Da hast du gar nicht so unrecht, Tonitschku, aber ›Frau Goetz‹ sein ist mehr wie jeder Titel, nicht?«

»Is es a wieda wahr! Was hätt me schonn ghabt, wenn me Grafn gheirat hättn? So feinen Mann hättn me mir doch nie kriegt.«

Wenn ich jetzt so über Toni schreibe, dann wird es mir wieder einmal klar, daß es die Einstellung zu den Erlebnissen ist, die entscheidet, und nicht die Erlebnisse selber. In meiner Jugend fand ich Toni gar nicht komisch. Sie war immer so und war eben, wie sie war. Erst durch die Brille meines Mannes gesehen, lernte ich sie »genießen«.

Lobte man zum Beispiel ihre Kochkunst – sie war eine Meisterin ihres Faches, denn meine Großmutter hatte sie zusammen mit meiner fast gleichaltrigen Mutter im Erzbischöflichen Palais kochen lernen lassen, und dort wußte man, was gut ist –, dann sagte sie: »Gut kochn, is gute Schmack habn.«

Schmack steht für Geschmack, so wie Lektrische für Elektrische. Einfach, nicht wahr? Schwerer war es schon, wenn auf dem Einkaufszettelchen stand: »Bitt scheen Sinchels« – was Zündhölzchen heißt! Und für Nichteingeweihte grenzten die Aufzeichnungen auf dem Telefonblock ans Kreuzworträtselraten:

»Epor Sran zunnte.«

Das konnte mein Mann, wenn er es in Tonis Rhythmus und Tonfall las, schon ganz gut deuten: Das Ehepaar Schramm kommt zum Tee! Aber einmal hätte er fast seine Probe versäumt, als auf dem Block zu lesen war:

»1130 zurrick Muslman 1/2 Urgetz erstal pekint.«

Um 11 Uhr 30 »Zurück zu Methusalem«, um 1/212 kommt Herr Goetz dran, der erste Teil beginnt. Das erfuhren wir durch die Sekretärin des Theaters, die ich anrief, weil wir es nicht herauskriegen konnten und Toni sich etwas ungehalten außer Obligo fühlte, da sie ihre Pflicht getan und es aufgeschrieben hatte.

»Berze gurie serr bese.«

Toni wußte dazu nur zu sagen:

»Herr hats es angrufn und hats es gsagt, i soll ich des net vergessn aufschreibn, und da stehts es.«

Wer konnte so böse sein auf uns? Tagelang kamen wir nicht dahinter, bis Männe Vallentin, der damals den Riesenerfolg mit seinem Verteidiger in »Hokuspokus« hatte, uns fragte, ob wir denn auch die zwei Kritiken am Tage nach der Vorbesprechung gelesen hätten.

»Welche?«

»Aber Curt, ich habe Toni doch ausdrücklich gesagt, sie sollte ja nicht vergessen, es zu notieren! Ich wollte euch fragen, ob ihr den Börsenkurier (Berze gurie) gelesen habt, und *sehr* gut wäre auch die BZ (serr bese). Toni war sichtlich gekränkt, als mein Mann sie darauf neuerlich ermahnen mußte, doch ganz gewissenhaft alles aufzuschreiben. Aber es war anders nicht möglich, denn Toni verstand die Leute nicht, vergaß daher sofort, was gesagt wurde, und eine Meldung wie »Dame hats es angrufn« oder »Herr hats es bein Telephon gsagt« war eben nicht ausreichend.

»Toni«, sagte mein Mann, »hier ist ein schöner großer Block beim Telefon, und da schreibst du sofort und genau auf, wer angerufen hat.«

»No die Namen, die kann me ja in den Land hier ihbahaupts nie verstehn!«

»Da bittest du sehr höflich, man möchte dir den Namen buchstabieren.«

Mein Mann war auf einer Probe zu »Muselmann« länger aufgehalten, als er gedacht hatte. Er rief Toni an und bat, mir zu bestellen, mich für den Abend recht schön anzuziehen, weil er mit mir ausgehen wollte. Um acht Uhr bei Peltzer sollte ich ihn treffen.

»Hast du alles gut verstanden, Toni?«

»Ja. – Bitt scheen, bukstabins mi Ihre Name!«

Mit Hochgenuß erzählte mein Mann diese Geschichte, weil sie ein »zweifelhaftes Licht« auf mich werfe, sagte er. Wie weit Toni sich in diesem Falle bewußt war, was sie sagte, das konnte sie gut verbergen! Auch damals, als das neue Gesetz gegen »Schund und Schmutz« herauskam, da stellte sie sich ganz nahe zu mir hin, als ich gerade an einem neuen Stück tippte, und fragte von ungefähr, so über die Schulter weg:

»Könnts mir gnä Fraudi sagn, was is denn des mit den neichn Gsetz fier Schund und Smus?«

»Schmutzige und schundige Literatur darf nicht in die Öffentlichkeit, damit der Geschmack der Leute nicht verdorben wird«, sagte ich.

»So? – Was wird denn dann mit den neichn Stick von unsan Herrli?«

So könnte ich über Toni weitererzählen und würde nie ein Ende finden, denn sie begleitete unsere wichtigsten Jahre und erlebte alles mit uns und für uns wie eine Mutter.

Wenn wir spät nachts, oder besser gesagt, frühmorgens nach Hause kamen, fanden wir sie wach und angezogen.

»Toni, warum bist du nicht im Bett?«

»Wenns es Heschaftn net do sind, da hat me sowieso ka Ruh net und wenns könntet telephoniern, da kann ma net erst in Kleida schlupfn, da muß me *sofort* laufn können.«

Ausgang kannte Toni nicht:

»Is es nirgenz scheena wie zum Haus.«

Aber manchmal kriegten wir sie in Merligen doch dazu, mit uns in die herrliche Natur zu fahren. Das war nicht einfach! Mein Mann fing sie mit dem Autoplaid ein, wie man ein flüchtiges Huhn einfangen würde. Er warf ihr die Decke von hinten über und trug sie ins Auto. Toni jammerte zwar, weil sie unfrisiert und nur in der Schürze wäre, aber uns war sie schön genug, und wenn wir sie vorher aufforderten, sich zurechtzumachen, fand sie hundert Ausreden, um zu Hause bleiben zu können. Wenn wir erst unterwegs waren, dann genoß sie die Fahrten.

Einmal, als wir sie nach Lauterbrunnen verschleppt hatten, sagte sie:

»Unse Herrli wirds er des net wissen, aber bis hierher is es Gette kommen und hat e gsagt, möchtet er garnet weiterfahrn, weil kanns es nirgenz scheener sein, und hat e das gschriebn im Italienische Reise.«

Noch eine Begebenheit möchte ich erzählen, aber dann höre ich auf mit meiner Toni, die sich später sowieso noch oft genug in unsere Memoiren einschleichen wird.

In ihren ersten Tagen in Berlin kam sie einmal völlig »zerstört« nach Hause, atemlos, feuerrot, mit fliegenden Haaren:

»Bianca kommts es mi noch amol unta Lektrische! I ruf ich, i pfeif ich, nix! Sie folgts es mi net!«

»Aber Toni«, sagte mein Mann, »der Hund ist doch dressiert. Wenn du sagst: Bei Fuß, dann geht Bianca wie eine Uhr neben dir. Komm, schau vom Balkon aus zu, wie tadellos sie das macht.«

Er ging mit Bianca hinunter, und wir zwei beobachteten aus der Vogelperspektive die Dressur. Toni war sprachlos. Und dann kamen sie wieder.

»Hast du gesehen, Tonitschku, wie schön sie ›bei Fuß‹ geht?«

»Großartig! Jetz schauns es die Heschaftn runta, und i geh ich mit den Hund.«

Wir sahen, wie Bianca nicht daran dachte, Toni zu gehorchen! In übermütigster Laune kreiste sie mal vor, mal hinter ihr vom Bürgersteig auf den Fahrdamm, um Toni immer wieder in tollkühnen Sprüngen und unter jauchzendem Gebell anzufallen und fast umzuwerfen. Toni winkte verzweifelt zu uns herauf und kam aufgelöst wieder.

»Ja, Toni, sagst du dem Hund denn nichts?«

»No, was denkts es de Herrli? *Brilln* tu i mit ihr! Mistviech, elendiges, hab i gschrien! Bein Herrli gehst bei die linke Haxn und bei mi net! Jo wos heißt denn des?«

Heute hätte mein Mann ein Fest gefeiert, denn heute habe ich eine 100 auf den Kopf dieses Bogens geschrieben. Ich weiß natürlich nicht, wie sich das im gedruckten Buch auswirken wird, jedenfalls war es die hundertste Seite zu diesem Bande der Memoiren, die ich aus der Schreibmaschine zog.

Mein Mann feierte nur ungern Feste. Dieses »auf Kommando« und »auf jeden Fall« lustig sein sollen und Humor zeigen müssen, machte ihn traurig. Aber »unsere« kleinen Feste, wenn es einen »richtigen« Anlaß gab und ihm danach zumute war, die wußte er zu gestalten.

Ich deckte dann den Tisch besonders schön, mit vielem alten Familiensilber und bunten Bändern, wie ich dies bei meiner Mutter so unvergleichlich gesehen hatte, und er brachte die schönsten Blumen, die er in der Stadt auftreiben konnte. Es dauerte oft lange, bis er sie fand, gerade die, die zu gerade dieser Feier paßten und die gerade das auszudrücken vermochten, was er auszudrücken gedachte. Ein kleines Schmuckstück oder ein Parfüm für uns Damen versteckte er in die Servietten, und dann kochte er selbst etwas ganz Ausgefallenes.

»Herrli kochts es bessa wie i«, sagte Toni dann, wenn sie ihm stolz ihre Schürze umband, ging ihm nicht mehr von der Seite, erriet, was er brauchte, und räumte hinter ihm weg, sonst hätte die Küche auf dem Kopf gestanden.

Dann mußten Toni und ich uns ganz schön machen, und dann kam er im Smoking und servierte. Toni ließ sich mit Genuß bedienen.

»Hat me gute Fühl, daß me nie verhungern wern, weil Herrli könntet ihma als Kammerdiener gehn«, sagte sie glücklich, »und die Fraudi hats es sowieso goldene Händ«, fügte sie noch schnell hinzu, damit ich ja nicht zu kurz käme.

Für später hatte ich ein Eckchen hergerichtet, mit schönen Lichtern, Wein oder Sekt, und dann las mein Mann uns das vor, was wir feierten. Ich bekam mein Lob, wenn nicht allzu viele Tippfehler im Manuskript standen und wenn die Kommas, die er mir stets mitdiktierte, an der rechten Stelle saßen und nicht »wienerisch, nach Gefühl«!

Das Tippen seiner Manuskripte, das war auch eines jener Dinge, die nur ich machen durfte, obwohl ich mit meiner autodidaktischen Zweifingermethode bemitleidenswert lange an ihnen würgte. Aber meine Eifersucht ließ mich immer durchhalten und besonders meinen Mann, denn er durchschaute mich auch in diesem Punkt, wie man eine Glasscheibe durchschaut!

»Ich weiß ich schon vornhinein, was fier Rolle der Herrli spielen wirds«, sagte Toni.

»Na welche denn, Tonitschku?«

»Den Komma.«

»Wie kommst du darauf?«

»Ihma wenns es de Herrli de Fraudi diktiert hat, hab i in Küchn ghört, wies am efftesten de Komma vorkommt.«

Das war die Zeit, als mein Mann die drei Einakter zur späteren »Toten Tante« schrieb.

»DIE TOTE TANTE UND ANDERE BEGEBENHEITEN«
1924

Valérie von Martens, meiner angetrauten Geliebten, sind diese Geschichten vom Lieben und Lachen gewidmet.

In wie vielen Kritiken, Besprechungen und Interviews ist diese Widmung als die schönste der Weltliteratur gerühmt worden!

Wie edel muß das Gefäß gewesen sein, in dem der Geist diesen zarten Gedanken sich niederlassen hieß, wie gebildet der Verstand, der ihn so knapp formte, und wie warm die Hand, die ihn niederschrieb, um mich für ein Leben lang zu beglücken!

Aber die Bäume sollen ja nicht in den Himmel wachsen, sagt man, weshalb sich gerade in diese Widmung der Druckfehlerteufel eingeschlichen hat, so daß in späteren Auflagen zu lesen ist: »... diese Geschichten vom Leben und Lachen ...«

Das gibt nun kaum einen Sinn, denn alle Geschichten handeln mehr oder weniger vom Leben. Aber »Das Märchen« und »Der Mörder« handeln eindeutig von der Liebe, ersteres sogar von *unserer* Liebe, ganz speziell von *unserer* Liebe.

Es ist verwunderlich, daß kein Korrektor je auf die Idee kam, anzufragen, ob dieses denn auch stimme! Und wenn ich verrate, daß auch ich erst jetzt, da ich nachschlage, um ja ganz genau zu sein, diesen Druckfehler entdecke, so wird mir das kaum jemand glauben. Ich bin glücklich, daß mein Mann nichts davon wußte. Es hätte ihn gekränkt, da die Widmung ein Geschenk für mich war, und ein Geschenk für mich, das mußte tadellos sein! Ich kann mir die Sache nur damit erklären, daß wir stets, was unsere Arbeit anbelangte, in der Zukunft lebten. Sobald also unsere Dienste zu dieser Ausgabe getan waren, beschäftigten wir uns im nächsten Moment mit den kommenden, ob sie nun zu einer Vorstellung, zu einem Film, einer Tournee oder zu einem neuen Entwurf nötig waren. So kam es, daß wir das fertige Buch nicht einmal mehr ansahen.

Sollte mein Mann mich jetzt von irgendwo her den Fehler haben finden lassen, damit ich ihn hier richtigstellen kann? »Ich weiß nicht, ob es so ist, ich weiß nicht, ob es nicht so ist. Es wäre immerhin möglich«, würde Herr Konjunktiv aus seiner »Ingeborg« sagen.

»Das Märchen, eine kitschige Begebenheit« war zuerst fertig. Das hatte er gleich nach unserer Begegnung begonnen, als ich in Wien zurückbleiben mußte. Er schrieb mir damals, daß er daran wäre, mir eine ganz gemeine Figur zu erdichten, an Hand derer er die hinterlistige und schamlose Art aufzeigen würde, mit der ich ihn »eingefangen« hätte.

»Wie eine alte Zigeunerin hast Du, Hexe, mir aus der Hand gelesen, daß ich heiraten müßte! Und die Frau hast Du gezeichnet, die einzig und allein zu mir passen würde. Und damit hast Du Dich selbst haargenau beschrieben! Hexe, sage ich! Es ist kaum zu glauben, daß ein Erwachsener, ein vernünftiger Mann wie ich, so einem unfertigen Mädel wie Dir auf diese Plumpheit Gott sei Dank reinfallen konnte!«

Etwas Wahres war ja dran! Damals interessierte ich mich sehr für Handlesekunst und Graphologie. Mein Professor Larisch an der Wiener Kunstgewerbeschule hatte mich darauf gebracht, da ich seine Kurse für Schrift und Heraldik belegte. Er erzählte mir von den Expertisen, die er als Graphologe in Kriminalfällen bei Gericht abzugeben hätte, und daß diese ihn mit dem damals interessantesten Graphologen Schermann zusammenführten. Er nahm mich in eine der Sitzungen mit, die bei Professor Pahl stattfanden und bei denen sich ganz Wien traf.

Alle Gäste hatten Schriftproben mitzubringen von Leuten, die ihnen nahestanden, und man selbst schrieb an Ort und Stelle ein paar Zeilen auf einen Zettel.

Ich hatte einen Brief von Curt Goetz abgegeben.

Auf dem großen Mitteltisch häuften sich bald die Bogen. Dann suchte Schermann jene Schriften heraus, die seiner Meinung nach zusammengehörten. Das führte zu mancher Belustigung und zu mancher Peinlichkeit in der Wiener Gesellschaft!

Auf einmal hatte er den Brief meines Mannes in die Hand bekommen. Aber ich meldete mich nicht, wie ich sollte, weil ich ahnte, daß er den von mir beschriebenen Zettel sehr bald dazu gefunden haben würde. Es schien, als wollte er diesen »herrenlosen Brief« weglegen, aber er tat es dann doch nicht. Er wühlte in dem Berg auf dem Tisch, während er sich in die Schriftzüge in dem Brief zu vertiefen schien. Dann hielt er inne. Und so, als wäre er allein im Raum, dachte er intensiver nach, um plötzlich erregt und hastig weiterzusuchen.

Und dann *hatte* er meinen Zettel.

Es war währenddessen ganz still geworden.

»Diese Schriften stehen ineinander. Ich habe das nur ein einziges Mal gesehen, in Ungarn, vor ungefähr fünf Jahren«, dachte er laut vor sich hin.

Ich tat wie die anderen, ich blickte mich um und suchte die Betreffenden zu entdecken. Die Dame des Hauses meinte, da sich niemand melde, könnten es Reste aus der letzten Sitzung sein. Die zwei Schriftproben wanderten von Hand zu Hand. Ein Raten ging los, alle sprachen durcheinander, bis eine junge Dame zu lesen begann:

»Du mein kleines Mädchen! Noch immer keine Antwort von Dir! Um die grausame Zeit des Wartens zu verkürzen, hatte ich beschlossen, sie zu verschlafen. Wo immer Du gerade stehen oder sitzen mögest, lege Dich lang, damit Du mir nicht umfällst, wenn Du zu lesen hast, was mir träumte von Dir ...«

»Darf ich, Gnädigste«, sagte Schermann und schob den Brief zu aller Leidwesen in seine Rocktasche.

Zu Hause versuchte ich, meinen verlorenen Brief nachzudichten, so gut ich es konnte, dann aber beschloß ich, an Schermann zu schreiben. Ich gab eine Chiffre am Postamt an, wohin er mir meinen Brief sandte. Ein Zettel war daran geklammert:

»Sie, kleines Mädchen, sind ein Sonntagskind. Ich würde Ihnen gern mehr darüber sagen.

Schermann.«

Damals war ich noch auf der Suche nach meiner Handschrift. Ich schrieb, wie alle jungen Damen, die etwas auf sich hielten, ganz schräg und riesengroß. Vier bis fünf Zeilen nur durften auf ein Blatt, und die mußten über beide Seiten des Briefbogens laufen. Das war chic! Und so verrucht!

Meines Mannes Schrift war klein und fein, eher steil. Sie hatte nicht die leiseste Verwandtschaft mit der meinen. Im Laufe der Jahre jedoch wurden sich unsere Schriftzüge ähnlicher, so ähnlich, daß es oft Streit gab, weil jeder von uns behauptete, der andere hätte die unleserlichen Zeilen auf den Notizblock gekritzelt. Dazu muß ich sagen, daß sich meine Schrift geändert hat, nicht die seine.

Als zweiten Einakter schrieb er »Die tote Tante, eine erbauliche Begebenheit«, und zum Schluß erst entstand »Der Mörder, eine ärgerliche Begebenheit«.

Ich erinnere mich noch genau des Tages, als er nach vielen Wochen der Schweigsamkeit und des Nachdenkens, einer Art geistiger Schwangerschaft, mit mir nach Zürich fuhr und wir lautlos die Serpentinen bei Mutschellen hinunterglitten. Es war ein herrlicher Tag. Die Birkenstämmchen am Wegrand standen so weiß gegen den blauen Himmel, auf dem fadenscheinige Wölkchen flatterten, wie sie nur der Mai hat.

Mein Mann hielt an, wir legten uns ins Gras, und er erzählte mir die Geschichte. Es war das erste Mal, daß ich das erlebte.

»Ich habe mich sehr mit ihr herumgeschlagen«, sagte er. »Erst als ich den Apotheker hatte, lief sie mit mir davon.«

Das verstand ich damals noch nicht, viel später, nachdem er oft mit mir darüber gesprochen, begriff ich es: Wenn er eine Figur erdacht hatte, füllte sie sich so mit Leben, daß sie ganz von selber weiterspazierte, weiterlief, weiterrannte und ihn dann nur mehr nachzog. Sie hatte ihr eigenes Sein, ihr vorgeschriebenes Schicksal bekommen. Er konnte sie oft nur mit viel Anstrengung in der Bahn halten, in der er sie für sein Stück brauchte. Es blieb dem Autor gar nichts zu erfinden, zu erdichten. Er hätte den Lebensroman dieses erdachten Wesens aufzeichnen können, von der Geburt bis zum Tode, mit allen Vor- und Nachfahren. Aber das durfte er als »Stückeschreiber« nicht tun. Er hatte sich nur die Essenz herauszuholen, die imstande war, sein Publikum in jeder Sekunde zu fesseln. Wie gern hätte er einmal »gebadet«, ganz wohlig und geruhsam, sich gedehnt und losgelassen in einer weitläufigen Geschichte, ohne Rücksicht auf Tempo, Spannung und Pointen! Viele Jahre später hat er es sich geleistet, als er seine »Tatjana« schrieb, die er deshalb sein »natürlichstes Kind« nannte.

Mit dem Apotheker hatte es übrigens seine Bewandtnis: Den gab es! Der lebte! Wir lernten ihn fünf Jahre später kennen!

Max Kaufmann hatte diesen verschrobenen Charakter genialisch auf die Beine gestellt. Das heißt, besser gesagt, auf Krücken. Und mit diesen hatte es auch seine Bewandtnis!

Die Dame eines Jagdschlößchens erwartet mit Ungeduld ihren Gatten und den Jagdgast, die wegen eines rasenden Gewitters nicht pünktlich zum Diner erscheinen. Der Sturm stößt das Fenster auf, und eine seltsam unheimliche Gestalt schwingt sich auf Krücken über die niedere Brüstung durch die aufgebauschten Gardinen in den monderhellten Raum. Es ist der Apotheker, der sich gefällt in seinem uralten Zylinder, seinem Radmantel, seinem wehenden grauen Spitzbart und noch mehr in seinen Tiraden, dazu angetan, die Dame des Hauses zu ängstigen, da sie anscheinend über Gebühr mit dem Jagdgast geflirtet hat. Er erzählt ihr, daß er bei dem früheren Gutsherrn gern gesehen war und daß dieser ihn einmal fragte, ob er glaube, daß seine Gemahlin ihm treu sei:

»So wahr ich Ihnen diesen schäbigen Filz wiederbringe, brüllte ich, warf den Hut ins Meer, und mit einer tadellosen Flanke über den Seesteg sprang ich nach. Ich hatte keine Ahnung, daß es dort nur zwei Fuß tief war. So zerschmetterte ich mir beide Beine ...«

1928 verbrachten wir einen Teil des Sommers in St. Raphael an der französischen Riviera. Wir saßen beim Tee im benachbarten Fréjus auf einer Estrade, die um den großen Speisesaal lief, und sahen schräg unter uns zwei Herren bei einer Schachpartie. Der eine, uns gegenüber, verlor und ging. Der andere blieb. Als er sich gelegentlich umwandte, stand uns das Herz still. Unser Apotheker, wie er leibte und lebte! Ein hageres gelbes Gesicht mit tiefliegenden Augen und einem ellenlangen, grauen Spitzbart, wie wir ihn Maxe – sozusagen an der Grenze des Möglichen – gerade noch zugestanden hatten. Als er sah, wie fasziniert wir ihn anstarrten, machte er eine einladende Bewegung, auf das Schachbrett deutend. Das brauchte man uns nicht zweimal zu sagen.

Mein Mann baute die Figuren auf.

»Pardonnez moi, petite madame, daß ich nicht aufstehe, wenn Sie mir die Ehre erweisen, an meinen Tisch zu kommen. Ich bin etwas behindert, mit Verlaub zu sagen.«

Nun sprach er auch noch so hochtrabend wie unser Apotheker im Stück! Aber das paßte zu seiner Erscheinung! Der konnte nicht anders sprechen!

Die Partie ging zu Ende, die Tanzmusik auch, und es war Zeit zu gehen. Wir mußten uns festhalten, als der Fremde, bevor er sich erhob, zwei lange Krücken unter dem Tisch hervorzog, um an ihnen hinauszuschaukeln.

Mein Mann spielte noch öfter mit ihm Schach. Er war Armenier, Gutsbesitzer und sehr, sehr reich.

»Ja, chére Madame! So geht es im Leben! Ich habe alles, nur leider keine Beine! Ich habe sie für eine schöne Frau geopfert. Bei einer Feuersbrunst auf dem Gute meines Freundes. Damals war ich prächtig und fünfundzwanzig Jahre jung! Und was davon blieb, kleine Frau mit den großen erstaunten Augen, das haben Sie vor sich! Auf morgen, Monsieur, wenn es Ihnen beliebt! Ich küsse Ihre schmalen Hände, gnädige Frau! Auf morgen, falls unsere verrückte Welt dann noch steht!«

»DIE TOTE TANTE« – OHNE ANDERE BEGEBENHEITEN

Sie hat ein Kapitel für sich allein wohl verdient, könnte sie doch einen Band füllen!

Von ihrer Entstehung weiß ich nichts zu sagen. Mein Mann sprach nie über einen Einfall, ehe er nicht zu Ende gedacht war:

»Gedanken beherrscht man nur, solange man sie für sich behält, sobald man sie entläßt, sind sie es, die einen beherrschen«, sagte er.

Diese »Tote Tante« hat mein Mann anscheinend so schnell hingeschrieben, daß ihm keine Zeit blieb, sie mir zu erzählen.

Ich weiß nur, daß Vater öfter von einer Familie sprach, in der er Cello-Unterricht gab, einer Familie mit unzähligen Kindern. Und jedes der Kinder hatte unzählige Namen, Namen aus der Antike und von Richard Wagner entlehnt. Das machte meinem Mann viel Spaß. In der »Toten Tante« fand er Gelegenheit, diesen Spaß festzuhalten. Der Erfolg blieb nicht aus.

Wenn ich überlege, daß die vielen Kinder, die mein Mann zusätzlich rothaarig, bebrillt und übersät von Sommersprossen zeichnete, mit der Handlung, der Geschichte, dem Konflikt überhaupt nichts zu tun haben, daß sie genausogut wegbleiben könnten, dann sehe ich wieder einmal, daß es nur auf das »Wie« ankommt und nicht auf das »Was«. Wir haben diese Kinder sogar einmal weglassen müssen, wie Sie gleich lesen werden.

Die Uraufführung der »Toten Tante« fand in Wien statt, am 17. April 1924, im »Modernen Theater«. Damals lief diese Einakterserie noch unter dem Titel »Vom Lieben und Lachen«. Erst in Berlin, wo wir am 1. Oktober desselben Jahres in den Kammerspielen des Deutschen Theaters bei Max Reinhardt Premiere hatten, nannte mein Mann den Zyklus »Die tote Tante und andere Begebenheiten«.

Bei der Wiener Uraufführung meldete sich ein Herr Buchinger, auf dessen Visitenkarte zu lesen stand:

Loisl Buchinger,
Erstklassigste Gastspielunternehmung
des In- und Auslandes.

Er machte uns den Vorschlag zu einigen Abstechern in die nähere Umgebung Wiens. Viel Geld würde für uns dabei nicht herausschauen, versicherte er mit Wiener Charme und Treuherzigkeit:

»Ober, Herr van Getz, der Esterreicher is do so dankbar für die wahre Kunst, für a gutes Theater! Des hörns do jeden Obend selber. Herr Doktor van Getz, 's is do so wos Großartigs, wann ma die Leit mit so aner gschliffenen Vurstellung beglücken kann! Alsdann, mach mers?«

»Ja, wenn Sie denken«, sagte Max, »für wahre Kunst und gutes Theater sind auch wir immer zu haben. Frei wären wir sowieso an den Abenden, und wenn die Bühnenverhältnisse dort günstig sind, warum nicht?«

Ich finde in meines Mannes Notizbüchlein aus dem Jahre 1924 den Eintrag:

»Wir spielten nicht in Haindorf, auch nicht in Hinter-Haindorf, dafür aber in Nieder-Hinter-Haindorf. Wir erfuhren erst nachher, daß es Nieder-Hinter-Haindorf war. Vorher erkundigten wir uns nicht, denn wir wollten uns überraschen lassen. Wir wurden überrascht.«

Obwohl ich keine Ahnung habe, ob mein Mann diesen Ort auf einer Landkarte fand oder erfand, ob er in der Nähe Wiens liegt und ob wir dort »gastieren« hätten können oder gastiert haben, bin ich sicher, daß mein Mann sich gerade diesen Ort – mit dem er anscheinend sowieso etwas im Sinne hatte, wie die kleine Notiz verrät – ausgesucht hätte, um folgendes waschechte Schmierenerlebnis zu berichten. Wo es sich tatsächlich ereignete, weiß ich nicht mehr. Vielleicht sogar wirklich in Nieder-Hinter-Haindorf, wenn es Nieder-Hinter-Haindorf gibt.

Eines schönen Sonntagmittags fuhr das Ensemble – Max Kaufmann, Walther und Tille Steinbeck, ein Herr Nekler vom Wiener Volkstheater, mein Mann und ich – zusammengepfercht und vergnügt in Herrn Buchingers Auto los, nachdem dieser, wie er sagte, alles übrige von und mit seinem Assistenten per Bahn hatte verfrachten lassen. Wir waren etwas besorgt, ob wir auch alles an Ort und Stelle vorfinden würden, als da waren: die Requisitenkörbe, unser Kostümschrankkoffer und vor allen Dingen die zwölf Kinder.

»Des find si olles, wann ma erst do san«, war die immer wiederkehrende beruhigende Antwort unseres Beschützers. Aber bei der Ankunft, um fünf Uhr nachmittags, stellte es sich heraus, daß die Kinder nicht eingetroffen waren. Nur unser Kostümkoffer stand einsam neben dem Geleise, eine Lastzuglänge entfernt von dem Haltestellen-Unterschlupf, auf dem verregnet und abgeblättert »Nieder-Hinter-Haindorf« gerade noch zu lesen war.

»Um Gottes willen«, brach Maxe unser eisiges Schweigen, »wenn den jemand mitgenommen hätte!«

»Ober, Herr Dokter«, beruhigte Buchinger, »hier kummt do nie kaner her!«

»Schöne Aussichten für heute abend«, meinte mein Mann.

»Aaaaah, des is wos anders«, erwiderte Loisl lachend, »am Obend do find si olles, wann ma erst do san! Ober jetz, wer bringt ma jetz den Trummkoffer da auffi?« Und dabei schaute er so zuversichtlich auf das Dach seines Wagens, als läge er schon oben. »Wann die Herren valleicht die große Liebenswürdigkeit hättent ...?«

Natürlich faßten unsere Männer mit an.

»Wos hab i gsagt? Des find si olles, wann ma erst — hooo ruck — dran is!«

Und bei dem »dran is« bekam unser Koffer seinen letzten Schwung und bumste krachend auf das Autodach.

Diese Frage war jedenfalls gelöst. Aber wo kriegten wir die zwölf Kinder her? Herr Buchinger wollte sie — »des wern ma glei ham« — auftreiben, bezweifelte jedoch, daß es in Nieder-Hinter-Haindorf deren genügend gäbe, um unser Stück *voll* zu besetzen. Aber selbst wenn es sie gegeben hätte — ein paar Minuten später, als wir den »Theatersaal« betraten, stellte sich heraus, daß auf der Bühne kein Platz gewesen wäre, sie alle zugleich zu präsentieren. Nicht einmal dann, wenn man den Tisch, der im Stück für alles folgende unerläßlich ist, weggelassen hätte.

Mein Mann beschloß also, wohl oder übel, die Kinder zu streichen, ein Entschluß, den Herr Buchinger bereits in Wien gefaßt hatte, denn weder die Kinder noch deren Requisiten waren je mit dem »Assistenten« abgefahren!

»Na sehns, Herr van Getz, wos hab i gsagt? Des find si olles, wann ma erst do san!«

Aber so ganz alles fand sich doch nicht, denn Herr Buchinger hatte Parsival vergessen, unseren Zweitältesten, den mein Mann unbedingt haben mußte, um die drakonische Strenge des Vaters zu demonstrieren.

Walther Steinbeck, der im »Mörder« den Jagdgast und im »Märchen« Lord Hastings spielte, mußte dran glauben. Er war um acht Jahre älter als mein Mann, damals also 43, und wog gute 150 Pfund. Sein Fach war der Salonlöwe, mit allem, was dazu gehört, eine stattliche Figur, immer adrett und modisch, liebenswürdig, verführerisch und nichts Beschwerendes dahinter.

»Kinder, das könnt ihr mir nicht antun«, sagte er entrüstet.

»Aber Walther«, girrte Maxe in seinem tiefsten, überzeugendsten Baß, »hier in Nieder-Hinter-Haindorf wird das deiner Karriere keinen Abbruch tun!«

»Ich kann doch keinen Sechzehnjährigen mehr spielen!«

»Warum denn nicht, Walther? Bei deinem Talent?« sagte Max um noch ein paar Nuancen tiefer.

»Ja schon«, gab Walther etwas nachgiebiger zu, »spielen kann ich ihn natürlich! Nur – wie sehe ich aus?«

»Wieso? Wenn du von innen heraus die Nieder-Hinter-Haindorfer schauspielerisch überzeugst, fragt keiner nach den paar Jährchen!«

»Ich bin aber vielleicht doch etwas zu ... füllig. Ich meine natürlich nur für diese Rolle!«

»Jetzt wirst du unlogisch, Walther. Erstens hast du eine großartige Figur, das ist bekannt und das weißt du auch selber, und zweitens ist der Menschenschlag vom Lande noch gesund. Mir ist es sofort und ich muß sagen sehr angenehm aufgefallen, daß die Leute hier viel vollkommener gebaut sind als wir Großstädter.«

»Und wie komme ich in die kurzen Hosen hinein?«

»Das machen unsere Damen Vallcheri und Tille. Du wirst so großartig sein als Parsival, daß sich wieder alle Frauen in dich vergaffen werden, und ich überlege schon, ob wir dir die Rolle nicht auch für später lassen, wodurch du dann ja auch mehr Gage bekommen könntest.«

»Also gut, Max, ich mache es für eine Zulage und auf deine Verantwortung.«

Tille Steinbeck, Walthers zage, mimosenhafte Frau, und ich, die wir uns für die Garderobe unserer Männer verantwortlich hielten, standen vor einem der größten Probleme unserer jungen Garderobierenlaufbahn. Wo sollten wir in Nieder-Hinter-Haindorf am Sonntagnachmittag eine kurze Hose herkriegen, in der unseres Walthers Embonpoint Platz hätte? Nur der Wirt des Ortes besaß eine solche, aber die war aus uraltem bockigem Hirschleder, maß 160 Zentimeter um die Taille und schien sich unmöglich auf Walthers 130 Zentimeter reduzieren zu lassen, zumal der Schuster von Nieder-Hinter-Haindorf mit dem Schuster von Hinter-Haindorf auf einem Tagesausflug in Wien war.

Noch um sieben Uhr hatten wir keine kurze Hose, um acht begann die Vorstellung, die Sache schien aussichtslos. Das beruhigende »des find si olles« wirkte nicht mehr und machte uns nur noch nervöser. Ein »es geht nicht« gibt es beim Theater nicht. Also, es *mußte* gehen! Ich nahm die Tinte aus dem Schränkchen in der Gaststube und einen Kochtopf aus der Küche, Walthers kurze Leinenunterhose war in einer Minute dunkelblau, und Tille bügelte sie so lang zwischen Zeitungspapier, bis sie trocken war. Und als der Auftritt in greifbare Nähe rückte, nähte Tille die kurze dunkelblaue Hose an ihrem »Dickerchen« einfach zu.

»No, wos hab i gsagt, alles find si ...!«

Natürlich spielte Walther die kleine Rolle gut und steckte die mit ihr verbundenen Ohrfeigen mit Anstand ein. Alles wäre reibungslos abgelaufen, wenn Maxe nicht der Hafer gestochen hätte!

Beim Abgang Parsivals konnte Maxe, der sich als Pastor den Drill mit gemischten Gefühlen hatte ansehen müssen, sich nicht verkneifen, bei dem tiefen Diener, den Walther mit dem Rücken zum Publikum vor ihm zu machen hatte, zu extemporieren, um uns alle zum Lachen zu bringen:

»Bist du aber seit dem letzten Mal gewachsen, mein Junge! Und die schöne neue Hose . . .«, und dann blieb Maxe selber hängen vor Lachen. Und das war gerade das rechte Stichwort für den gestrengen Professor, um seinen Sprößling gleich wieder zu ducken und Maxe dadurch aus der Verlegenheit zu helfen: »Die kostet mich auch genug! Knöpf sie aber wenigstens zu, du Lümmel!«

Walther, der, wo immer er auch stand, schon an der Tür war und sowieso nichts anderes im Sinn hatte, als so schnell wie möglich von der Bühne zu verschwinden, bekam das letzte gar nicht mehr mit, wie er sagte. Dafür fiel hinter der Bühne seine kleine Tille wie eine Latte – bums – in Ohnmacht! Gott sei Dank übertönte das Lachen im Publikum den schweren Fall, so daß ungestört weitergespielt werden konnte. Aber Maxe und mein Mann, die mußten, wie das bei uns so üblich war, für unerlaubtes Extemporieren den ganzen lustigen Heurigenabend in Nieder-Hinter-Haindorf bezahlen. »Des find si olles, wann ma erst da san« blieb lange noch eine unserer beliebtesten Redensarten.

Nach der Berliner Premiere meldeten sich gleich drei Familien, die Modell gestanden haben wollten, vielmehr *nicht* Modell gestanden haben wollten zu unserer »Toten Tante«.

Da war ein Vater in Moabit, der drohte meinem Mann mit einer Klage, weil er ihm die Idee gestohlen hätte, seinen Kindern »Wagnerische« Namen zu geben. Er könne nachweisen, daß durch Generationen alle seine Ahnen schon so geheißen hätten! Aber wenn mein Mann ihn gebührend an seinen Tantiemen beteiligen würde, könnte er von einer Klage Abstand nehmen.

Alle bedeutenden Berliner Anwälte rissen sich um den Fall und boten ihre Dienste unentgeltlich an. Doktor Alsberg, der ihn schließlich vertrat, suchte dem Gegner seine Klage so schmackhaft wie möglich zu machen, doch ließ sich dieser eines Besseren belehren. Zu unserem lebhaftesten Bedauern! Welch unvergleichliche und mühelose Reklame hätte sich daraus ergeben!

Ich studierte damals, das heißt, ich studierte *auch* damals – denn ich studierte lebenslänglich – Gesang. Damals also bei Professor

Zawilowsky am Olivaer Platz. Dreimal die Woche ging ich hin und traf, außer meinem am Flügel sitzenden Meister, nur den Schüler vor mir, der öffnete und mir den Mantel abnahm, und den Schüler nach mir, der pünktlich wie die Figur einer alten Spieluhr den Kopf zur kleinen Tapetentür hereinsteckte und dann erst das Musikzimmer betrat.

Etwa zwei Wochen nach unserer Premiere öffnete sich, beinahe gespenstisch, die große Schiebetür, deren Verglasung, mit vergilbtem Olivgrün bespannt, bisher den Eindruck auf mich gemacht hatte, ungangbar vernagelt zu sein, wie aus einem Stück von Strindberg. Beide Flügel glitten gleichzeitig auseinander und gaben einer Art rothaarigen Germania den Eintritt frei. Feierlich schritt sie auf mich zu und sagte ebenso feierlich:

»Darf ich Ihnen zu dem großen Erfolg gratulieren? Ich bin die Frau Ihres Meisters. Die Kritiken waren überwältigend, und ganz Berlin spricht von Ihrem Stück. Ich habe es gestern gesehen. Köstlich! Nur wollte ich zu gern wissen, woher Ihrem Mann meine Familie bekannt ist.«

»Ich werde ihn fragen, Frau Professor.«

»Tun Sie das, Kleines, es würde uns alle sehr interessieren.«

»Darf ich um den Namen der Familie bitten?«

»Ich bin eine geborene Haßkel. Fricka Haßkel. Meine Schwester Freja kommt sofort.«

Und Freja kam wirklich sofort. Sie war genauso riesengroß und rotblond, nur leichter, flüssiger im Wesen und in der Sprache. Sie konnte sich über die Maske meines Mannes als Professor Traugott Hermann Nägler nicht beruhigen, die mit dem roten Wallewallebart ihrem Vater so ähnlich sei, daß sie dem Stück selber gar nicht hätte folgen können, weshalb sie nächsten Monat noch einmal käme, denn früher gäbe es leider keine einzige Karte mehr. Und das ganze Gehaben meines Mannes, jede Bewegung, die Hände, die Daumen, die oft in den Hosenträgern steckten, fleischig gerötet, alles wäre so echt, daß sie annähme, mein Mann müsse ein Schüler oder ein jugendlicher Freund ihres Vaters gewesen sein, aus den Jahren, die sie mit ihrer Schwester Fricka bereits in der Großstadt verbracht habe.

»Aber«, sagte sie und drohte neckisch mit ihrem sehr großen kleinen Finger, »etwas hat Ihr Herr Gemahl hinzugedichtet! *Wir* waren nur neune! Fricka und ich sind die ältesten, dann kam Wotan, dann Siegfried und Mime, dann Brunhilde, dann Ortrud und Siglinde und die letzte ist's Walkürle.«

Es stellte sich heraus, daß mein Mann die Familie Haßkel nicht gekannt hat, was zu bedauern ist. Sicher hätte er noch manchen Leckerbissen aus ihr herausgeholt! Etwa in einem tête-à-tête mit dem Walkürle! An Sonntagen hatten wir immer zwei Vorstellungen. Zwischen diesen hielten wir in der Garderobe ein Kaffeestündchen mit den Kollegen, von denen jedesmal ein anderer eine selbstgebackene Überraschung mitbrachte. Es war urgemütlich, wenn wir alle unsere Theatergeschichten erzählten. Gerade als mein Mann die Begebenheit mit der Familie Haßkel zum besten gab, kam der Portier und bat ihn, ihm zu folgen, um einen jungen Herrn anzuhören. Da der Portier so merkwürdig grinste, sprang Maxe auf:

»Laß mich das machen, Curt.«

Dann kam Maxe zurück und grinste mindestens so merkwürdig wie vorher der Portier.

»Kinder«, sagte er, »da ist eener, der könnte gleich mitspielen. Rothaarig, Sommersprossen und 'ne Brille trägt er. Den mußt du dir anhören, Curt. Der denkt ooch, daß du seine Familie veräppelst!«

Als mein Mann wiederkam, erzählte er, daß dieser junge Herr höchst erregt gewesen sei, da seine Eltern erfahren hätten, daß ihre ehrenhafte Familie durch unser Stück in der Öffentlichkeit verunglimpft würde. Der Vater wollte sich das nicht bieten lassen, da in seiner Verwandtschaft, so weit man auch zurückrechnen würde, die Schande eines unehelichen Kindes nie vorgekommen sei.

Mein Mann hatte den Jüngling so weit beruhigt, daß dieser sich bereit fand, die Abendvorstellung über sich ergehen zu lassen, um, auf den Rat meines Mannes, aus eigener Erfahrung seine Schlüsse ziehen zu können und nicht auf das Getratsche der lieben Nachbarn angewiesen zu bleiben.

Nach der Vorstellung gab der junge Mann zu, daß sie sehr amüsant gewesen sei und mit seiner Familie im Grunde nichts zu tun habe, da niemals eine Tante ein derartiges Testament hinterlassen habe, ganz zu schweigen von der »Karriere« dieser Tante.

Er ließ sich sogar von uns einladen, und wir blieben länger beisammen, als geplant war, weil der junge Mann *noch* etwas auf dem Herzen hatte.

Seine guten Eltern würden sich kommenden Sonntag die Nachmittagsvorstellung ansehen. Das könne er verantworten. Aber ihr Lieblingssohn war im Kriege gefallen, und es würde die greisen Eltern schmerzlich berühren, an ihn erinnert zu werden, wenn es hieße »Lohengrin popelt«! Denn das sei sein Name gewesen. Ob Herr Goetz für die eine Vorstellung wohl einen anderen wählen könnte?

»Nichts leichter als das«, sagte mein Mann.

Aber das hätte er nicht sagen sollen! Denn dieses Problemes wegen saßen wir bis zwei Uhr morgens im »Kindl«. Es schien unmöglich, einen »Wagnerischen« Namen zu finden, der in dieser Familie nicht so vertreten war, daß er in Verbindung mit der Beschäftigung, die ihm im Stück nun einmal zugedacht war, die greisen Eltern nicht hätte schockieren können. Im allerletzten Moment, als das »Kindl« schließen mußte, einigten wir uns auf »Fafner«, der an jenem Sonntagnachmittag verurteilt war, seine Nase zu traktieren. Fafner war zwar auch ein sehr geliebtes Familienmitglied, aber immerhin war es nur der dritte Name eines Vetters zweiten Grades.

Auch nach Wien trug uns die »Tote Tante« immer wieder, und an eines dieser Gastspiele knüpft sich sogar eine makabre Erinnerung:

Man hatte mir eine Friseuse gegeben, die auch gleich hätte mitspielen können, rothaarig und sommersprossig, wie sie war, nur etwas jünger hätte sie sein müssen. Aber mir wäre sie nicht aufgefallen, wenn sie mich nicht so auffallend angesehen hätte.

»Kennen Sie mich aus meiner Wiener Zeit?« fragte ich.

»Des schonn«, sagte sie, »ober es is net wegn den. Wissens, wann i Ihna olle so siech ... mir ham a amol zwölfe ghabt. Ober da is de ›spanische Grippe‹ kommen, und in aner Wochn is mei Mann mit mir allanich um den Tisch gsessn.«

Ich muß mich unter der Schminke verfärbt haben, denn sie rückte mir einen Stuhl zurecht:

»Regns Ihna net auf, gnä Frau. Mir ham scho wieder achte. Bei uns werns immer glei Zwillinge. Scho bei mein Großvater wor des aso. Unsere Erschtn ham a nach in Wagner gheißn. Da wor mei Man no Beleichter in der Oper. Aber die Jetzign heißn olle natierlich.«

Zu unserer ersten Aufführungsserie der »Toten Tante« in Berlin an den Kammerspielen des Deutschen Theaters bei Max Reinhardt gehört unbedingt eine Geschichte, die mein Mann oft erzählte und die so witzig ist, daß sie von ihm erfunden sein könnte. Nicht einmal ich habe ergründet, ob sie sich ereignet hat oder seiner Phantasie entstammt. Wenn Sie mich fragen: ich glaube an die zweite Version!

Das Deutsche Theater und die Kammerspiele liegen wie Schwestern nebeneinander. Ihre Mauern sind verwachsen wie die Lenden der fernöstlichen Zwillinge, und ihre Treppen laufen über beide Fronten gleichermaßen auf den gemeinsamen Vorplatz. Ihre Theaterzettel hingen der Einfachheit halber stets nebeneinander in einem einzigen, vergitterten Kasten. Damals also rechts: »Die heilige Johanna« von Bernard Shaw und links: »Die tote Tante« von Curt Goetz. Unser Stück war etwas kürzer, daher früher zu Ende. Dieser Vorsprung ließ uns gerade immer in das herausströmende Publikum der »Heiligen

Johanna« laufen, wodurch mein Mann das seltene Glück gehabt haben wollte, die folgende Bemerkung einer Dame aufzufangen:

»Wenn die zum Schluß nicht noch auf den Scheiterhaufen gekommen wäre, wüßte man gar nicht, warum das Stück ›Die tote Tante‹ heißt.«

ER SELBER

Ich habe meinen Mann oft gefragt, wie er dazu kam zu schreiben. Ich habe auch viel darüber nachgedacht, warum mein Mann gerade so schrieb, wie er schrieb. Ich möchte beinahe sagen: Er schrieb so, wie er schrieb, aus Mitleid mit den Menschen.

Dieser lockere Spaßvogel, dieser Curt Goetz, »dessen Name heißt, beglückt und leise lächeln«, wie einer seiner Verehrer es ausdrückte, dieser Curt Goetz, den Sie kennen und lieben, der war nämlich gar nicht so, wie Sie ihn kennen. Das, was Sie kennen, das war seine Haltung. Und nicht nur seine äußere Haltung, es war seine innere Haltung.

Der Humor, den Sie so sehr an ihm lieben und der ihn auf die Höhen des Lebens und der Kunst trug, war ihm keineswegs angeboren! Angeboren waren ihm sein Verstand, sein Herz und sein zielbewußter Charakter, dieses: Ich lasse dich nicht, du segnest mich denn!

Und angeboren war meinem Mann ein depressives Gemüt.

Er war ein Demosthenes, ein Schwerbehinderter für den Beruf des Spaßmachers, des Bruders Leichtfuß! Er wußte, wie schwer »das Leiden an der Welt« ist, an dem zwei Drittel der Menschheit kranken. Und deshalb machte er sich auf die Suche nach einem Mittel gegen dieses arge Leiden und fand den Humor, dem er sich verschrieb, den er studierte – es gibt kein einschlägiges Werk, das er nicht kannte – und den er sich selber immer wieder erkämpfen mußte!

Sein Humor ist, wenn man das sagen kann, ein sublimierter Humor, der Niederschlag, das Konzentrat eines Kampfes gegen dunkle Gedanken, das geläuterte Ergebnis des Ringens mit der eigenen Schwermut. Deshalb ist sein Humor so rein und so heilsam.

Ich kann mich nicht erinnern, meinen Mann jemals schlecht gelaunt gesehen zu haben, aber ich wußte es, wenn er unter tiefen Depressionen litt; dann war er um so liebenswürdiger und milder.

Er schrieb 1938, als wir seine Gesammelten Werke das erstemal herausbrachten, im Geleitwort die Zeilen für seinen Grabstein:

Zieht los und türmt von Stadt zu Stadt,
Und sollte es Euch wo gelingen
Ein Lächeln Jemand abzuzwingen,
Der Herzeleid und Sorgen hat –

Dann habt Ihr Euer Sach erledigt.
Dann habt Ihr Euch und mich bestätigt...

Ihr ziehet leise wieder ab...
Es rauscht im Baum auf meinem Grab...
Auf diesem Grabe steht zu lesen
Von einem Manne der gewesen:
»Ich habe mit dem Leben mich
Gefreut, gestritten und geplagt,
Und was ich ungefähr zu sagen hatte,
Das hab' ich ungefähr gesagt.«

Er hat sich redlich geplagt, aber er wollte nicht, daß man erführe, wie schwer ihm seine Leichtigkeit wurde, weil er fürchtete, daß man dann keine Freude an ihr hätte, nicht mehr unbekümmert würde lachen können. Und zum Lachen, zum Lächeln und Schmunzeln war sie ja getan, seine Arbeit.

Ich hatte von Anfang an begonnen, Briefe aus dem Publikum zu sammeln:

»Durch drei Kriegsjahre habe ich Ihre Werke mitgeschleppt wie eine Hausapotheke, mein lieber ›Doktor‹ Goetz...«

»Ich habe Ihre Gesammelten Werke in meinem Tornister getragen, als meine liebste Last, die mir in schweren Stunden immer half.«

»Ohne Ihre Gesammelten Werke, mein lieber Herr Goetz, hätte ich den Krieg nicht überlebt, weil ich ihn nicht hätte überleben wollen!«

»Neben meinem Bette liegt unter der Bibel Ihr Buch, lieber Curt Goetz.«

Wenn so ein Brief kam, dann gab ich ihn meinem Mann. Ich sehe, wie er ihn liest, ihn hinlegt und seine Hand auf ihm ruhen läßt, als würde er neue Kraft daraus ziehen. Ein unendlich dankbares Gefühl erfüllte ihn dann, und er küßte mich, damit ich daran teilhätte. Das paßt alles wenig zu dem Bilde, das Sie von ihm hatten, wenn er so überlegen lächelnd vor Ihnen stand, stets zu einer Pointe bereit, die dann so gut saß. Aber die Kehrseite erklärt mir die Beständigkeit seines Erfolges, das tief Beglückende an ihm und die fast fromme Zärtlichkeit, mit der Sie ihn liebten, für die ich Ihnen immer wieder danke, denn er hat sie gefühlt, Ihre Zärtlichkeit, und er hat sie sehr genossen.

Als wir die letzte Tournee machten mit seinen »Miniaturen«, wunderten wir uns, daß uns danach Autogrammbitten in Wäschekörben angebracht wurden, mehr als je zuvor. Wenn wir Gelegenheit hatten, fragte ich die jungen Leute am Bühneneingang oder in Hotelhallen, was ihnen denn an uns gefiele:

»Wir sind unmodern, wir passen doch gar nicht mehr in eure Zeit, Kinder. Was gefällt euch denn so?«

»Unsere Eltern haben uns von Ihnen erzählt, und da wollten wir uns das ansehen, und jetzt werden wir unseren Kindern ooch mal von Ihnen erzählen können, Herr Goetz. Was Sie da machen, das ist eigentlich so richtiges Theater. So ohne Pose.«

»Man vergißt das Leben, so wie es nun mal ist. Man denkt nicht mehr seine eigenen Gedanken. Man denkt leichter, so wie Sie denken, Herr Goetz, so wie ein Clown (gesprochen Klohwn).«

»Man lernt bei Ihnen geistiges Seiltanzen, und man freut sich, daß das gar nicht so schwer ist.«

»Es ist so komisch, wenn man gerade lachen will, dann muß man wieder nachdenken und dann doch wieder nicht. Man kann nicht mehr seine eigenen Wege gehen, aber man fügt sich Ihnen eigentlich ganz gern, Herr Goetz.«

Ein ganz kesser Berliner Junge gab uns die Antwort, die uns als die schönste erschien und uns die liebste war: »Man wees nich, wat det is. Det is bei Ihn'n so ... so fromm, ... wie in de Kirche. Wahrscheinlich is de richtje Liebe denn so.«

Das war die eine verborgene Seite Ihres Spaßmachers Curt Goetz. Ich sollte noch eine andere betonen, die wegen seines Charmes und seiner Konzilianz so leicht übersehen wird. Das ist seine Unbestechlichkeit, die mit seiner Nachsicht Hand in Hand ging. »Man muß den anderen verstehen *wollen*«, sagte er, »und nachzugeben *versuchen*. Aber nur bis zu einem gewissen Punkt. Wenn man erkannt hat, daß etwas unwahr, unsauber, ungut ist, muß man sich davon distanzieren. Ohne tiefgründige Abneigung, aber entschieden! Und man muß die etwaigen Folgen gerne tragen.«

Können Sie sich vorstellen, daß dieser lustige, vornehme *Herr* so sehr aus dem Häuschen geraten konnte, daß er imstande war, einem, der ihn ärgerte, eine einwandfreie, richtiggehende Ohrfeige zu geben und ihn mit einem einwandfreien, richtiggehenden Fußtritt zur Tür hinauszubefördern? Es brauchte viel, um ihn zu ärgern, und es mußte eine Sache von ganz besonderer Art sein, die ihn ärgern konnte, denn meistens hatte er die Entschuldigung für den Gegner schneller zur Hand als die Parade, aber wenn es einmal soweit war, dann ...

Im Herbst 1923, zu Anfang unserer Ehe, spielte er im Deutschen Theater einen Shaw. Reinhardt selbst war verreist, nur ein stellvertretender Herr war da. Seinen Namen verschweige ich – ich halte es wie mein Mann, der in seinen Memoiren die Namen der Personen nach dem Grade ihrer Widerwärtigkeit änderte, um die echten der Nachwelt nicht zu erhalten – und nenne ihn Nielk. Ich will versuchen, diesen

Herrn nicht zu hart anzufassen, da er später auswandern mußte und sicher schwer gebüßt hat.

Das Deutsche Theater hatte aus Frankfurt einen neuen Schauspieler bekommen, dem Reinhardt seit Jahren nachgespürt hatte, Otto Wallburg, einen Komiker mit Herz und Verstand, einen feinen Herrn seines Zeichens. Er und mein Mann teilten sich in den Schminktisch.

Wenn Herr Wallburg angekleidet war – er kam früher dran als mein Mann –, durfte ich manchmal in die Garderobe. Es war immer ein Fest für mich, den großen Künstlern Berlins, die da meinen Mann besuchten, persönlich begegnen zu können.

Heute war Herr Wallburg nervös und erzählte, daß er am Vormittag seinen Vertrag hätte unterzeichnen sollen, daß er es aber für die kleine Gage, die da plötzlich eingesetzt war, nicht tun könne. Er wäre besser in Frankfurt geblieben, meinte er. Nun habe er aber leider die dortige Wohnung schon gekündigt und mit Schrecken gesehen, wie hoch die Mieten in Berlin wären.

»Ich bin verzweifelt, Herr Goetz. Ich kann es mir nicht leisten. Ich habe eine Frau und drei Kinder, dazu noch eine geschiedene Frau, die ich erhalten muß.«

Da kam Herr Nielk herein, ohne zu grüßen, die Hände in den Hosentaschen, die Brillengläser verklebt, und lümmelte sich auf das Sofa, wie das seine Art war.

»Na, wie gefällt's Ihnen in Berlin, Wallburg«, sagte er mit seiner hohen, raunzigen Stimme, und ohne dabei die Lippen zu bewegen.

»Tja«, sagte Herr Wallburg, »ich erzähle gerade, daß ich es mir nicht werde leisten können, das schöne Berlin, den Traum jedes Schauspielers.«

»Was heißt leisten? Zu was brauchen Sie hier eine große Gage? Hier sind Sie noch niemand. Kein Aas kennt Sie. Hier haben Sie doch nicht zu repräsentieren. Zwei Zimmer werden's auch tun, Herr Wallburg.«

»Ich habe Ihnen doch gesagt, daß ich eine große Familie zu ernähren habe. Und wenn mich Sorgen drücken, kann ich abends nicht gut gelaunt spielen.«

»Na großartig! Da kommt eine interessante Mischung von Humor mit Sorgen heraus!«

»Ach, bitte, machen Sie keine Witze auf meine Kosten. Sie sehen doch, wie verzweifelt ich bin. Aus meiner alten Wohnung muß ich heraus, und hier finde ich keine, die ich bezahlen kann.«

»Mir gefällt das! Nichts geht über einen vermiesten Komiker!«

Wallburg blieb still, aber seine Hand zitterte. Da griff mein Mann ein, während ich mich immer mehr in mein Eckchen verkrümelte.

»Verlassen Sie bitte unsere Garderobe, Herr Nielk. Wir haben in zehn Minuten aufzutreten.«

»Curt Goetz revoltiert! Gute Schlagzeile für die BZ! Was geht Sie die Sache überhaupt an, Herr Goetz?«

»Mich geht jede Sache jedes Kollegen an, dem ich helfen kann. Gehen Sie jetzt!«

Nielk war aufgestanden, hatte sich hinter Herrn Wallburg postiert, so daß dieser sein Grinsen im Spiegel sehen konnte, und sagte:

»Na schön, morgen im Büro sprechen wir weiter, Herr Wasserzug.«

Tonlos sagte Herr Wallburg:

»Ja, so heiße ich.«

Aber da knallte auch schon die Ohrfeige auf der schweißigen Backe.

»Raus, habe ich gesagt«, brüllte mein Mann, »und wenn Sie je wieder den Mut finden sollten, in meine Garderobe zu kommen, dann nehmen Sie vorher Ihre dreckigen Hände aus den Hosentaschen und putzen Sie Ihre verklebten Brillengläser, Sie Ferkel!«, und dabei bekam er einen Fußtritt, den er nicht so bald vergaß und für den er sich nach Jahren rächte, wie Sie später lesen werden.

»Ich danke Ihnen, mein lieber Wallburg«, sagte mein Mann strahlend und sichtlich erleichtert.

»Wasserzug, wie Sie eben gehört haben.«

»Gefällt mir genausogut, ich danke Ihnen, daß Sie mir die längst fällige Gelegenheit verschafft haben, diesem Widerling eine zu kleben und ihm einen Tritt mitten in seinen faulen . . .«

Da klingelte es zum Auftritt, und die beiden Männer erschraken zu Tode, als sie mich aus meinem Eckchen hervorkriechen sahen.

Auf dem Heimweg sagte mein Mann:

»Laß gut sein! Wir zwei, wir schaffen es, selbständig zu werden, unser eigenes Theater zu haben und unsere Schauspieler wie Herren und Künstler behandeln zu können. Wir schaffen das sogar sehr bald, wir zwei beide!«

SÜHNEANDACHT FÜR CURT GOETZ

Ich brachte meinem Mann Kritiken, wenn sie besonders gut waren oder in Briefen kamen von jemand, der ihm eine Freude machen wollte. Aber mein Mann las fast keine zu Ende.

»Mein Engel«, sagte ich dann, »lies doch weiter. Das Schönste kommt doch noch. Über dein Spiel.«

»Laß man«, war seine Antwort, »ich möchte gar nicht so genau wissen, wie ich es mache und was daran gefällt. Es würde mir zu bewußt und verlöre das Schwebende, das die Kunst bei allem erarbeiteten und bewußten Können haben muß, um immer noch irgendwo rätselhaft zu bleiben. Das unterscheidet die Kunst von der Virtuosität.«

Ganz selten auch ist es geschehen, daß mein Mann einem Kritiker geantwortet hat. Aber hier sind drei ergötzliche Beispiele:

Nach einem unserer »Ingeborg«-Gastspiele schrieb Diebold in Frankfurt am Main:

»Ingeborg – ein Ehebruch von Curt Goetz.

Daß er von Curt Goetz ist, macht ihn so geistreich, so amüsant, und – man höre und staune – so sauber. Und das wiederum hebt ihn über den Schwank und das Lustspiel zur Komödie.

Den Inhalt preisgeben, hieße dem Zuschauer die Spannung nehmen, den Abend morden. Man komme und erfreue sich an den hundert Nuancen, in die uns die Liebe zu einer Frau verstrickt, an den ungezählten Facetten, die wir wieder erkennen, wenn der Autor sie uns so spiegelklar vorhält, an einer Frau, pardon, einer Dame – denn nur so geht es hier –, die mit der Ehe zu jonglieren *versucht*.

Und wenn das Thema auch nicht so meisterhaft abgewandelt, der Dialog nicht so gekonnt und gearbeitet wären, der Schluß allein macht diese Komödie von Curt Goetz unsterblich, zu einem Klassiker.«

Darauf schrieb mein Mann:

»Mein sehr verehrter Herr Diebold,

wie müßte ich die Sprache meistern können, um Ihnen annähernd zu sagen, wie sehr mich Ihre Kritik freut. Verstanden zu sein, so verstanden zu sein und von Ihnen so verstanden zu sein, ist der Traum eines irrsinnig gewordenen Stückeschreibers,

Ihres Curt Goetz.«

Noch eine Kritik über »Ingeborg«, die mein Mann beantwortete:

»Sühneandacht für Ingeborg!
Curt Goetz' Lustspiel:
Eine schamlose Zumutung!

Um den Fluch zu beseitigen, der seit der Aufführung des Lustspieles ›Ingeborg‹ von Curt Goetz auf unserer Stadt liegt, rief der Geistliche die Bewohner zu einer Sühneandacht auf. Viele hundert Gläubige waren in der vollbesetzten Kirche, während der Geistliche betete, Gott möge die Stadt von dieser Schmach befreien. Der Geistliche habe gehört, daß dem Lustspiel ›Ingeborg‹ lebhafter Beifall gespendet worden sei, und verurteilte dieses Verhalten mit Empörung. Das Stück ziehe die Würde der Frau in den Schmutz und verherrliche den Ehebruch in gemeinster Weise!

In einer Diskussion hielt eine Dame dem Geistlichen entgegen, sie fände den Ausspruch in der Sonntagspredigt, daß deshalb ein Fluch auf der Stadt liege, für ungeheuerlich und sie fühle sich nicht davon betroffen.«

»Ingeborg« ist kein Lustspiel, sondern eine Komödie, und wünscht deshalb, ernster genommen zu werden als ein Lustspiel! Ihr Inhalt:

Zwei Männer lieben Ingeborg. Ihr Mann, Ottokar, der seine kleine Frau belog, indem er ihr sagte, er sei es gewesen, der sich seinerzeit, um sie zu retten, aus der Schule werfen ließ, und Herr Peter, der wahre Held, der sich damals wirklich für Ingeborg geopfert hatte, sogar ohne sie persönlich zu kennen. Bis hierher ist die Geschichte eigentlich noch ganz anständig. Nicht wahr? Nun wird sie verwickelter und etwas anrüchig, indem nämlich der Ehemann fühlt – aufgerüttelt durch den unerwarteten Besuch dieses Herrn Peter, der sich ihm als der wahre Held von damals zu erkennen gibt –, daß er der großen Liebe seiner kleinen Frau nicht so ganz würdig sei, eben wegen seiner Lüge! Und Herr Peter, der Ingeborg jetzt als verheiratete Frau wiederfindet und sich in seine »Jugendliebe aus der Ferne« sofort wieder verliebt, kämpft tapfer drei Akte lang mit sich, weil er es nicht fertigkriegt, diesen netten und anständigen Gatten zu betrügen, zumal sich dann für ihn das Idealbild der Frau verschöbe! Ingeborg, der süßen, verspielten, kindlichen Frau darf man, so reizvoll sie auch sein muß, einen Ehebruch nicht zutrauen. Dieses beileibe nicht aus Gründen der Moral, sondern lediglich aus Gründen der Spannung! Jedes Stück lebt von seiner Spannung – Ingeborg nun schon durch die dritte Generation! –, denn wenn diese nicht ist, wenn der Zuschauer sicher wäre, daß Ingeborg ihren Mann betrügen kann, will und wird, könnte er gleich nach Hause gehen. Es sei denn, er zöge es vor, sich umsonst durch drei Akte hindurchzulangweilen, denn er weiß aus Erfahrung, daß die Zensur ihm sowieso nicht gestattet, bei dem Ehebruch zuzuschauen.

Also wirklich, ein höchst unmoralisches Stück! Einen Ausweg aus diesem Sumpf gibt es nicht! Und deshalb hat der Dichter sich erlaubt, die Frage, ob Ingelein ihren Mann betrügen könnte oder nicht, der Phantasie des einzelnen Zuschauers zu überlassen. Jeder nach seinem Geschmack, nach den Möglichkeiten, die er in sich fühlt, denke sich das Ende der Geschichte selber aus!

Dazu fällt mir ein, daß wir in unserem »Haus in Montevideo« – das ist auch so ein unmoralisches Stück meines Mannes – eine kleine Kollegin hatten, die Nichte eines hochmoralischen Mannes. Als im zweiten Akt die Geschichte etwas zweideutig zu werden scheinen muß, stand der gestrenge Herr auf und ging. Seine Frau und seine Tochter aber blieben. Unsere kleine Kollegin erzählte uns, daß der gute Onkel seither kein leichtes Leben mehr hätte. Denn bei jeder Gelegenheit bekäme er zu hören, was das »Haus in Montevideo« lehrt, nämlich: Daß nichts so schmutzig sei, wie eine schmutzige Phantasie es machen könne!

Und das könnte man eigentlich auch die Moral dieser unmoralischen »Ingeborg« nennen.

Mein Mann beantwortete die Sühneandacht-Zeitungsnotiz mit spitzester Feder. Aber, unmoralisch wie er nun einmal so durch und durch war, hat er sie wohl einigen Freunden vorgelesen, die dann auch buchstäblich unter dem Tisch lagen, aber mir hat er verboten, diese klassische Erwiderung an die Zeitung abzusenden, weshalb ich sie auch nicht anführe und den Namen der unglücklichen Stadt verschweige.

»Ich bringe es einfach nicht fertig«, sagte mein Mann mir damals, »diesen armen Kerl zu ruinieren.«

Ja! So unmoralisch war mein Mann, und ich liebte ihn trotzdem mit Andacht!

Aber in dem folgenden Falle hat er seine Erwiderung abgeschickt, und zwar postwendend und eingeschrieben!

1932 hieß es in einer Kritik über die »Tote Tante« in einem Münchener Blatt:

»Aus jeder Zeile dieses Stückes von Curt Goetz ist ersichtlich, was für ein gemeiner Jude der Autor ist.«

Darauf schrieb mein Mann:

»Sehr geehrter Herr! Ich bin zwar kein Jude, wenn ich aber daran denke, daß Sie auch keiner sind, möchte ich lieber einer sein.

Curt Goetz«

»HOKUSPOKUS«
1925-1927
Ein Reißer in drei Akten

Der Stadt Berlin, wo auch Fränzchen
und Margitchen wohnen.

Mein Mann liebte Berlin wie sonst keine Stadt auf der Welt. Fränzchen war Professor Franz Ernst, der Wegbereiter der Kieferchirurgie an der Charité in Berlin, ein Arzt allerersten Ranges, dessen Herz der Kunst gehörte, weshalb er seinen Beruf als Kunst ausübte. Fränzchen konnte sich eine herrliche und ausgedehnte Jagd leisten, die bei Ferbitz zwischen Lanz und Lenzen, im Bereich von Wittenberg liegt, zwei Stunden Bahnfahrt von Berlin, auf der Strecke nach Hamburg. Das Jagdhaus dort war der Platz, wo mein Mann an seiner »Nachtbeleuchtung«, an »Menagerie«, am »Lampenschirm« und am »Märchen« schrieb, liebevoll betreut von Margitchen, Frau Professor Ernst. Bei ihr trafen sich Künstler aller Art, Maler, Bildhauer, Tänzer und Tänzerinnen, Musiker und das ganze Berliner Theater. Alles fühlte sich dort zu Hause. Bei Fränzchen und Margitchen war es auch, wo mein Mann einen seiner besten und treuesten Freunde erstmals näher kennenlernte, seinen Kollegen Arthur Schröder.

Wie sich das ereignete, will ich erzählen, nachdem ich Margitchens unübersehbare Persönlichkeit gebührend gewürdigt haben werde.

Margitchen nahm bei allen, die sie kannten, einen besonderen und auch einen besonders großen Platz ein. Ob sie Fränzchen assistierte, eine Decke stickte oder kochte, alles machte sie mit Leichtigkeit, Lächeln und Liebe. Am reizendsten fand ich – und ich habe versucht, es ihr abzulauschen –, wie sie Fränzchen zuhörte, wenn er Witze erzählte, die keineswegs zahm zu nennen waren. Und da Fränzchen sehr gern Witze erzählte und stets genügend und genügend deftiges Material aus der Klinik brachte, konnte ich später oft beobachten, mit wieviel Sinn für Gleichgewicht Margitchen voll damenhafter Empörung die harten Brokken genoß.

Mein Versuch einer Beschreibung Margitchens zaubert dem geneigten Leser, so denke ich, das Bild eines zarten Persönchens vor und würde ein solches wohl kleiden. Aber da muß ich enttäuschen oder vielmehr überraschen! Denn alle diese weiblich zarten Eigenschaften gehörten zwar tatsächlich zu Margitchen, aber Margitchen nahm nicht nur in den Herzen derer, die sie kannten, einen übergroßen Platz ein, sondern auch sonst; damit möchte ich gesagt haben, daß sie gute zwei Zentner wog und deshalb in jedem Zimmer einen besonderen Stuhl oder ein Bänkchen stehen hatte, um sich darauf bequem und vor allen Dingen *ganz* niederlassen zu können, ohne Gefahr, das Möbel in Reparatur schicken zu müssen. Margitchen war eben in jeder Beziehung eine unübersehbare Persönlichkeit.

Es sei wieder einmal hoch hergegangen im Jagdhaus zu Ferbitz, erzählte mein Mann, und er erzählte dies so gern: Alfred Abel war zu Gast, der junge Walter Gieseking, für den eigens ein Flügel herangeschafft worden war, die reizvolle Tänzerin Grit Hegesa mit ihrem holländischen Maler Jaap Kool und mein Mann.

»Schade, daß mer heide Amd nich bogern genn'n«, sächselte Abel vor sich hin.

»Leider spielen wir alle nicht«, bedauerte Margitchen, »und hier im Dorfe wird sich wohl keiner auftreiben lassen, der mithalten könnte.«

Sie rief vergebens den Apotheker in Lanz, den Doktor und den Schulmeister in Lenzen an, und dann sagte Abel: »Wie wärsch, wenn mir den Ardur holten?« Und Abel erklärte Fränzchen und Margitchen, daß Arthur Schröder nicht nur der großartige Schauspieler sei, der schon bei seinem Antrittsgastspiele Berlin aufhorchen gemacht hätte, sondern auch ein äußerst amüsanter reizender Kollege.

»Hallo, Ardur«, sagte Abel am Telefon, »du bis doch heide amd frei? Du fährscht um vier vom Lehrter Bahnhowe Richtung Hamburch ab, steichst in Wittenberge aus und von dort holn mer dich. Klar? Curt Goetz und ich. Bei wem? Bei Professor Ernst. Der berühmte is es! Ja! Da biste eingeladen. Also auf bald!« Und damit hängte er an.

Mein Mann aber ging schnurstracks zum Nachbarn, dem Ortsvorsteher Alvermann, und rief Arthur Schröder noch einmal an. Und da mein Mann gut kopierte und nicht minder gut sächselte, konnte er unerkannt sagen: »Hallo, Ardur, noch eens: Wenn de die Frau Professor siehst, reiß dich zusamm'n und laß dir nischt anmerkn! Die is nur noch 'n Hauch! Lunge. Hegstens noch drei bis vier Wochen! Allerhegstens! Also, Ardur, auf bald!« Der Zug fuhr ein. Arthur sprang heraus. Der Jagdwagen stand bereit und neben ihm Abel, Margitchen und mein Mann. Arthur schwenkte den Hut, mein Mann ging ihm entgegen und brachte ihn an Margitchen heran:

»Darf ich vorstellen, Margitchen? Das ist unser Arthur Schröder, der, wie du weißt, zu den größten Hoffnungen berechtigt ...« Arthur führte die Hand Margitchens fast bis zum Munde ... »und das ist Frau Professor Ernst.«

»Verzeihung«, sagte Arthur höflich und charmant, ließ Margitchens Hand vorsichtig wieder los, gab Abel eine nicht ganz so vorsichtige Ohrfeige und küßte dann formvollendet Margitchen die Hand, als ob nichts gewesen wäre. Daß Abel diese Ohrfeige ohne jedwede Pause an den Übeltäter weitergab, versteht sich von selbst. Man war ja eingespielt!

Das also war bei Fränzchen und Margitchen, denen »Hokuspokus« gewidmet ist, nebst der Stadt Berlin, die mein Mann liebte wie sonst keine Stadt auf dieser Welt.

VORSPIEL

»Hokuspokus« ist das erste Stück meines Mannes, das er mit einem Vor- und Nachspiel versah, eine Gepflogenheit, die er später beibehielt, weil sie ihm die Möglichkeit bot, Mißstände der Zeit zu geißeln. Dies natürlich in der ihm eigenen Form, die niemand weh tut und doch haarscharf den wunden Punkt trifft.

Von dem Vorspiel zu »Hokuspokus« soll hier nicht die Rede sein, sondern von einigem, was sich vor dem Spielen in bezug auf das Stück abspielte, wozu ich bitte, etwas weiter ausgreifen zu dürfen.

»Sehr geehrte gnädige Frau!« So fängt ein Brief aus einem unserer Ordner an, der sich »Anfragen aus dem Publikum« betitelt. Wie ich schon verriet, sammelte ich Briefe, die mir nach Form oder Inhalt bemerkenswert schienen und meinem Mann in seinen Memoiren, die zu schreiben er immer schon vorhatte, dienen konnten. Ich teilte sie nach ihrer Art in Ordner aller Art. Hier also wäre dieser:

»Sehr geehrte gnädige Frau!

Auch wir sind ein leichtes und lustiges Künstlerpaar - Operette –, aber wir haben leider nicht so viel Glück wie Sie. Solange wir nicht verheiratet waren, ging es. Seitem geht es nicht mehr.

Wir lernten uns kennen, als wir zusammen in W. engagiert waren. Dort spielten wir zusammen, und dabei heirateten wir uns. Und seit wir das getan haben, geht es – wie oben gesagt – nicht mehr. Deshalb möchte ich Sie sehr bitten, liebe gnädige Frau – wir sind schon immer begeisterte Verehrer von Ihnen und Ihrem Herrn Gemahle ganz besonderns –, uns zu verraten, wie Sie es machen. Wir möchten nämlich auch einmal in den Genuß kommen. Wie Sie berühmt zu werden, aber niemand will ein Ehepaar engagieren. Ist das nicht schrecklich?

In großer Verehrung – wie oben gesagt – mit den besten Grüßen dem Herr Gemahle

Ihre A. M.«

Ja, meine liebe kleine Frau M.! Das haben auch wir kennengelernt. Ich erinnere mich, daß ich einmal eine ganze Nacht heimlich durchgeweint habe, als Herr Nielk einer Rolle wegen anrief und mein Mann nicht zu Hause war: »Warum verpatzen Sie ihm seine ganze Karriere? Es wäre doch auch so gegangen! Wer wird schon neugierig sein auf einen verheirateten Liebhaber?«

Und ein anderes Mal bot sich ihm die Gelegenheit zu sagen:

»Tun Sie doch nicht so fein!«

»Ich tue nicht fein und ich bin auch nicht fein«, sagte ich, »ich bin sogar sehr unfein, Herr Nielk, aber nicht mit Ihnen.«

Das war natürlich offene Feindschaft auf der ganzen Linie, mit einem nicht bedeutenden, aber damals einflußreichen Mann der Berliner Theaterwelt.

Und auch als Autor hatte mein Mann es nie leicht. Das sah dann nachher immer nur so aus!

Jedes Stück anzubringen und durchzusetzen, war immer wieder ein Kampf, was dem Leser genauso unglaublich erscheinen wird, wie es mir immer wieder unglaublich erschien. Aber so einfach ist das eben nicht bei Theater und Film. Das wäre ja auch zu langweilig! Es gäbe keine Krisen, der Film machte nie Pleite, alles schwämme in Erfolg, Seligkeit und Geld! Wo käme man denn da hin? Nein, nein! Die gewaltigen Herren verstehen ihr Fach und sorgen sehr gut für unsere Unterhaltung und Freude, von der bekanntlich die Schadenfreude die reinste sein soll.

Noch ein Brief aus dem gleichen Ordner fällt mir da ins Auge:

»Lieber Herr Curt Goetz!

Sind Sie jenes kleine mickrige Kerlchen, das einmal bei uns in Thüramühle über den Sommer war und dem eine Zigeunerin aus der Hand sagte: ›Du wirst alles immer dreimal sagen müssen, aber aus dir wird was ganz Großes!‹ Ich konnte das verständige Gesicht des achtjährigen Kindes nie mehr vergessen und deshalb weiß ich auch die Worte so genau. Die Alte hat zum Teil wirklich recht gehabt, denn aus Ihnen ist wirklich etwas geworden, wenn Sie es sind. Meine Tochter, die jetzt gerade so alt ist, wie ich zu der Zeit war, als ich in Ihrem Märchenspiel Ihre Gänseliesl sein mußte und manchen Puff wegen Talentlosigkeit von Ihnen bekam, obwohl ich gute zwei Köpfe größer war als Sie und doppelt so alt, sammelt Autogramme. Deshalb bitte ich Sie, auch wenn Sie es nicht sind, um ein solches.

Hochachtend . . .«

Die alte Zigeunerin hat nicht nur zum Teil recht behalten, sondern ganz und gar.

»Hokuspokus« war 1925 fix und fertig, und wir schickten es Barnowsky, der sich das Vorrecht erbeten hatte, alle Stücke meines Mannes als erster lesen zu dürfen. Das hatte eigentlich gar keinen Sinn, denn Barnowsky war immer skeptisch, ohne zu sagen oder zu wissen, warum er es war. Für alle Fälle!

Danach bekam es Reinhardt, der überhaupt nichts von sich hören ließ. Direktor Roberts Bühne war viel zu klein, im übrigen gab es nur noch Operettentheater und Vorstadtbühnen in Berlin, und so lag das Stück zwei Jahre in den Schreibtischen herum, während wir überall und immer wieder unsere »Tote Tante« spielen mußten.

Doch eine seltene Abwechslung gab es damals in unserem Leben: Einen Durchfall!

Maxe sagte eines Tages:

»Curt, ich habe eine großartige Idee! Du spielst mit Vallcheri ›Die Ballerina des Königs‹ in Köln, und dann ziehen wir damit weiter durch die Gegend.«

»Warum gerade in Köln?«

»Mensch, Curt, das Rheinland ist doch geräumt worden! Was glaubst du, wenn du da als oller Fritz kommst! Der Jubel!«

Das war einleuchtend. Wir studierten das Stück, das mein Mann vor Jahren schon am Lessingtheater gespielt hatte, ich bekam himmlische Kostüme, durfte sogar etwas auf der Spitze herumtanzen, was mich besonders freute — gelernt ist gelernt —, und wir fuhren mit Begeisterung nach Köln. Unser geliebter Onkel Rémond war dort Intendant und empfing uns wie immer mit offenen Armen. Seine Schauspieler waren gut einstudiert, und es versprach eine schöne Vorstellung zu werden.

Der erste Akt mit dem jungen Fritz und der jungen Tänzerin ging gut vorbei, aber der Applaus war nicht groß. Das war zu erwarten, meinte Maxe, »erscht wenn du als Alter kommst, dann geht's los!« Der zweite Akt ging auch pflaumenweich vorbei. Nun aber kam der dritte! Der Vorhang hob sich und da stand er: Der olle Fritz! Aber keine Hand rührte sich. Max flüsterte aus der Kulisse:

»Die Leute sind ergriffen.«

Es ging weiter, der Hohenfriedberger erklang von unten her, der König trat ans Fenster und grüßte hinunter, indem er mit weit ausladender Gebärde seinen Hut zog. Dann stand er da, wie aus Erz gegossen! Aber — nichts rührte sich. Max flüsterte wieder:

»Grüß noch mal, Curt!«

Wieder schwenkte der olle Fritz seinen Hut. Wieder nichts. Dann kam die Szene des Wiedersehens mit der altgewordenen Ballerina, die nicht vergessen hatte, in ihren Pompadour versteckt, Knöchelchen für die Windspiele des greisen Monarchen mitzubringen! Wir spielten die Szene wirklich gut, ohne Sentimentalität, was nicht so einfach war, aber trotzdem war niemand gerührt. Auch nach dem letzten Akt war der Applaus schwach. Ein Achtungserfolg. Und die Kritik schrieb, wie verabredet, insgesamt: »Warum spielen Sie uns nicht Ihre ›Tote Tante‹, lieber Herr Goetz?«

Und in den gleichen Blättern las mein Mann:

»›Fridericus Rex‹ mit Otto Gebühr, unter persönlichem Auftreten des Künstlers.«

»Das muß ich sehen«, sagte mein Mann und wir gingen sofort in die Nachmittagsvorstellung ins Kino. Der Film lief ab und war prachtvoll. Und da saß er wirklich und leibhaftig in der Loge! Fridericus Gebühr! Unbeschreiblich echt, unübertrefflich! Und als der Streifen zu Ende war, da kam Otto auf seinen Krückstock gestützt durch den Mittelgang gehumpelt, hatte meinen Mann mit einem Blick erspäht, zwinkerte ihm zu und flüsterte tief gebückt im Vorbeigehen:

»Biste hier ooch so abjestunken wie ick, Curt?«

Am Drachenfels, bei einem herrlichen Glase Wein, kamen wir gemeinsam der Sache auf den Grund: Im Rheinland gab es unglückliche Mädchen, deren Schätze hatten wegziehen müssen, Zimmervermieterinnen, deren Wohnungen leer standen, Geschäftsleute mit mageren Einnahmen. Das Rheinland trauerte! Das gab uns unsere gute Laune zurück, und als unsere Kostüme aus Berlin eingetroffen waren, spielten wir wieder unsere »Tote Tante«, alles freute sich, und Onkel Rémond saß wiederum jeden Abend in seiner Loge, das Taschentuch vor den Augen, und winkte ab. Dabei zeigte er auf das Publikum, das auch keine Pointe versäumen sollte, und rief: »Aufhören, langsam, Pause«, aber wir verstanden ihn nicht und spielten immer lustig drauf los.

Das war es, das seltene, aber nicht einzige Intermezzo in der Folge unserer Erfolge.

Das Rätsel um Reinhardts Schweigen zu unserem »Hokuspokus« klärte sich auf, als Herr Nielk eines Tages anrief und sagte, daß er das Manuskript gleich an sich genommen hätte:

»Tja, Herr Goetz«, sagte er unheimlich höflich und in seinem Raunzton, den ihm in seiner Kindheit niemand abgewöhnt hatte nebst allen seinen anderen Unarten, »*mir* gefällt es ausnehmend gut, Ihr Stück, und ich hätte Sie deswegen schon längst aufgesucht, wenn ich nicht gefürchtet hätte, daß Sie mich wieder rauswerfen! Sie wissen doch noch? Schade« — und man sah sein fettiges Gesicht immer breiter glänzen — »tja schade, denn da ist mir gerade das Stück eines Ausländers in die Hand gekommen, das dem Ihren sehr ähnlich ist. Spielt auch im Gerichtssaal, auch ein Prozeß, auch eine angeklagte schöne Frau! Schade, nicht? Das Stück habe ich annehmen müssen, weil es ausgezeichnet ist. Sie verstehen das! Solche Zufälle gibt es. Aber Ihnen fällt schon wieder etwas ein, oder Sie warten mit Ihrem ›Hokuspokus‹ eben noch zwei Jahre, ich habe keine Angst um Sie! Wie gesagt, schade!«

Dieses Stück setzte Nielk unserem vor die Nase und konnte seine Rache auskosten bis zur Neige.

Aber — mein Mann war ein Schachspieler! Ein noch so vernichtender Zug konnte ihn nicht entmutigen. Im Gegenteil. Er forderte ihn heraus, sich zu »versammeln« und ohne Ressentiments in Geduld und Würde einen Gegenzug zu suchen. Und er fand ihn auch immer.

»Warum müssen wir in Berlin uraufführen«, sagte er eines Abends im »Kindl« zu Maxe und mir. »Für die Berliner Presse sollte man *fertig* sein! Die Uraufführung mit ihrer grenzenlosen Aufgeregtheit und Nervosität ist sicher nicht die beste Aufführung. Und wenn sie es ist, dann wäre sie es nur aus übersteigerten Nerven. Kein gutes Zeichen für ein Stück! Vergleichbar einem gedopten Rennpferd. Eine Aufführung muß so gut sein, daß sie *trotz* übersteigerter Nerven immer noch gut ist, aber nicht *wegen* dieser. Die Uraufführung ist eine einmalige Angelegenheit, ein gutes Stück sollte eine jahrzehntelange Angelegenheit sein. Die Uraufführung kann ein Durchfall werden, das Stück kann sich trotzdem bewähren. Umgekehrt kann ein Stück in der Uraufführung réussieren und dann doch nicht gehen. Also ist die Uraufführung unwichtiger als die eingespielte Vorstellung.« Durch diese Überlegungen kam mein Mann zu einem Schluß, der damals jedem, der ihn hörte, undurchführbar schien! Nämlich: *Zuerst auf die Dörfer, dann nach Berlin!*

ALLERHAND PROBEN

Max streckte seine Fühler aus und verkaufte uns an Stettin. Das sah in keiner Weise nach einer Konkurrenzstadt von Berlin aus wie etwa München, Hamburg oder Leipzig, war auch kein zu kleines Nest und lag nicht allzu weit weg. Die Reise würde uns – da wir die Schauspieler einstudiert mitbringen sollten, um die Sache vor der Presse möglichst geheimzuhalten – im Falle eines Durchfalls nicht zuviel gekostet haben. Und was das Wichtigste war: der Direktor von Stettin war Maxens alter Kollege, auf den man sich verlassen konnte. Für den 8., 9. und 11. Februar hatte er »Hokuspokus« angesetzt, und erst am Nachmittag des 7. gab er der Zeitung die Premiere bekannt und ließ seine Plakate überkleben. Max bat die Herren Direktoren von Rostock, Schwerin, Bremerhaven und Bremen, ihre Dramaturgen zur zweiten Vorstellung bereitzuhalten, für den Fall, daß es ein Erfolg würde und die Herren dann Interesse hätten.

Einstudieren mußten wir also in Berlin! Aber wo? Barnowsky war voll besetzt mit Proben und Umbesetzungsproben aller Art für seine drei Bühnen, bei Nielk wollte Maxe erst gar nicht anfragen. Wir probierten also bei unserem Kollegen Hermann Vallentin, der bei seiner reichen Schwester Mollheim lebte und damit weitaus die größte Wohnung von uns allen zur Verfügung hatte. Für die letzten Probetage bekamen wir das Lustspielhaus in der Friedrichstraße. Dort lief gerade ein Schwank, dessen Schauplatz das Schlafgemach einer leichten Dame war. Und da die Dekoration für alle drei Akte – ganz im Sinne des Stückes – immer die gleiche blieb, war sie fest eingebaut. So probierten wir auf dem und um das Riesen-Seiden-Bett dieser Dame von Welt unsere Szenen, die in einem heruntergekommenen Theaterbüro, in einem gepflegten Bibliothekszimmer, im Gerichtssaal und in einem Maleratelier spielen. Da die Requisitenkammer ordnungsgemäß versperrt war, gab es nur zwei Malertöpfchen mit weißer und rosa Farbe, die wir auf dem Korridor fanden. Aus ihnen tranken der Präsident und sein Freund ihren Sekt, und der Staatsanwalt wie auch der Verteidiger reichten sie der ohnmächtigen Angeklagten bereitwilligst als Wassergläser zu.

Das Lustspielhaus gehörte damals Direktor Saltenburg, der sogar auf unsere Generalprobe kam – natürlich vollzog sie sich auch um das festgenagelte Lotterbett herum – und nachher sagte:

»Lieber Herr Goetz, wenn Sie wollen? Einmal im Sommer? An einem Sonntagnachmittag? Gern.«

»Vielen Dank«, sagte mein Mann gerührt, »morgen nach der Uraufführung werden wir wohl auf Ihren Vorschlag zurückkommen.«

Einzig Rosa Valetti, die große Charakterkomikerin dieser Zeit, die gekommen war, ihren Bruder Hermann Vallentin als Verteidiger zu sehen und die, wie sie sagte, das Stück schon beim Lesen verschlungen hatte wie ein hungriger Löwe ein Lämmchen – und meine Schwester, die wir gerade aus Wien geholt hatten –, einzig die beiden waren der Ansicht, daß dieses Stück der Schlager ungezählter Jahre werden würde. Mein Mann und ich, wir standen so tief drin in der Sache, daß wir überhaupt nichts sagen konnten, glaubten aber felsenfest an unser Stück. Maxe hatte eine so arge Grippe, daß er schielte. Ich nahm erst an, er täte dies, um mich bei guter Laune zu halten, aber das war nicht der Fall. Er schielte vor Grippe.

Am 7. Februar um zwanzig Uhr würde unser Zug nach Stettin gehen, sagte Max. Er selbst hatte an diesem Abend so hohes Fieber, daß wir ihn erst am Premierentage reisen ließen.

»Ich bin froh«, sagte mein Mann, »daß wir uns für Stettin entschieden. Da kennt uns niemand, vor allem fällt die Berliner Presse weg, und wir können dort in Ruhe unser Stück ausprobieren.«

»In Ruhe« hatte mein Mann gerade gesagt, als ich einen seiner Anzüge in den großen Liegekoffer zu meinen Füßen breiten wollte. Da schrie ich aus Leibeskräften »Schnauzi«. – Schnauzi war in den letzten Jahren sein Kosename geworden, weil er in »Hokuspokus« seinen Helden sagen läßt, irgend etwas sei so weich wie eine Pferdeschnauze. – »Schnauzi! Hilfe! Ich kann nicht mehr hoch!«

Das war nichts Neues! Immer vor einer Premiere bekam ich vor Lampenfieber eine Art Hexenschuß. Ich konnte mich nicht mehr rühren, schrie vor Schmerzen, wenn ich es versuchte, und ein Arzt mußte her.

Während mein Mann seinen Mantel umwarf, um zu unserem kleinen Doktor Meyer gegenüber zu laufen, dessen Nummer ständig besetzt war, klingelte es an der Eingangstür.

Nun möchte ich den geneigten Leser, der bis hierher die Güte hatte, mir mit Geduld und Nachsicht zu folgen, um Entschuldigung bitten und versichern, daß das, was ich jetzt hinschreiben muß, der Wahrheit entspricht, der vollen Wahrheit und nichts als der Wahrheit. So etwas ließe sich ja auch gar nicht erfinden – außer von meinem Mann. Dieser schaute durchs Guckloch.

Vor der Tür stand seine Stiefschwester, die wir in einer Irrenanstalt in Kreuzlingen glaubten.

»Schnauzi« – auch ich hieß damals so –, flüsterte mein Mann, während er auf Zehenspitzen ins Zimmer zurückkam, »Elfriede steht vor der Tür! Ich bitte dich um alles in der Welt, halte dich fest und halte aus, bis ich die Arme in Sicherheit gebracht habe.« Damit lehnte er mich, gebückt wie ich war, vorsichtig an die Wand, rief dann die Polizei an, erkundigte sich nach der nächsten Nervenheilanstalt, erfuhr, daß etwas Derartiges in Lichterfelde wäre, gab mir schnell zur Stärkung noch einen Kuß und ging an die Tür, sie zu öffnen, um Elfriede möglichst unauffällig und schnell abzuführen.

»Elfriedchen, was machst du denn hier«, hörte ich ihn flöten.

»Ich komme die Mutter besuchen.« – Mütterchen war uns vor eineinhalb Jahren gestorben, was man Elfriedchen nicht hatte sagen dürfen.

»Das ist aber lieb von dir! Wo ist denn Carl?«

»Mein Gemahl sitzt auf einer Bank in Konstanz im Park. Ich hole ihn her, wenn du willst.«

»Ja, das ist gescheit. Das tun wir gleich gemeinsam.«

Und willig und freundlich, wie Elfriedchen in ihrer Krankheit immer mit uns war, folgte sie ihm in eine Taxe und blieb dann auch gern in Lichterfelde in dem Zimmer, das man ihr angewiesen hatte, bis die Polizei in Berlin die Polizei in Konstanz benachrichtigte, die höchst besorgt mit dem verzweifelten Mann den Bodensee nach Elfriedchen absuchte, denn mein Schwager, Professor Carl Hönn, hatte immer ein schlechtes Gewissen, wenn ihm etwas abhanden gekommen war, seit er im Ersten Weltkrieg als Ministerialrat im Auswärtigen Amt seine Aktenmappe mit Geheimschriften in der Straßenbahn hatte liegen lassen. Er war einer der vornehmsten und zuverlässigsten Menschen, was den Charakter anbelangt, aber zerstreut, wie ein Gelehrter das eben sein zu müssen scheint. Mein Mann sagte einmal, wenn er Carl zu beschreiben hätte, würde er sagen: »Er war so zerstreut, daß jedesmal, wenn er an einem Spiegel vorbeikam, er stehenbleiben mußte, um zu überlegen, an wen in aller Welt ihn dies Gesicht erinnere!« Ja, das trifft es! Das war Carl.

Jedesmal, wenn wir Elfriedchen in ihrer Krankheit sahen, fanden wir sie gar nicht so verrückt, wie man es uns immer erzählte. An diesem Besuchstage zum Beispiel wollte sie wieder einmal nach Konstanz spazieren. Dort wollte sie in die Anlagen gehen, und dann wollte sie rasten. Dann wollte sie gezeigt bekommen, was Carl in seinen Taschen hätte, breitete alles sorgsam auf der Bank aus und zeigte besonderes Interesse für die schöne rote Brieftasche. Verrückt? Und dann wischte sie mit einem äußerst geschickten Wuppdich das ganze Zeug weg, daß es verstreut auf dem Kies lag, und während Carl seine Sachen zusammenklaubte, war Elfriedchen mit der Brieftasche verschwunden, wie es jede nicht geisteskranke Frau auch gemacht hätte, um dann so folgerichtig vorzugehen, daß sie an unserer Tür landete und klingelte.

Elfriedchen war Pianistin gewesen. Schlank, zart und überängstlich war sie vor ihrer Erkrankung, nach welcher sie aber zu einer Art Weib von beträchtlichem Umfange wurde. Die Anstalt wollte ihre Nerven in Fett gebettet wissen, so daß ihr kleines Stimmchen und ihre Überängstlichkeit nun nicht mehr zu ihrer Erscheinung paßten. Das wirkte dann etwas ... verrückt und war eindeutig der Erfolg der Behandlung in der Heilanstalt.

Zwei Jahre war es her, daß Elfriedchen plötzlich erkrankte, wohl aus Sorge um das Geschäft ihres Mannes. Sein Geschäft war es, Professor der alten Sprachen zu sein, denn er hatte alles, aber auch alles für diesen Beruf mitbekommen. Den Kopf in den Wolken, lang und hager, wie er war, stolperte er — aber immer schön klassisch — durch die Welt, als wäre sie noch so wie vor 2000 Jahren oder noch früher, »in der Steinzeit, als es noch die alten Römer gab«, verliebt in alles Schöne. Und aus Verliebtheit in die Schönheit gründete er den Seldwylaverlag, wo er so Schönes verlegte, daß wir ihn nur zweimal sanieren konnten. Unser ganzer Verdienst ging immer wieder in nichts auf, und endlich glaubte Max bremsen zu müssen. Aber Carl konnte auch nicht mehr locker lassen. So brach alles zusammen und auch Elfriedchens Nerven. Sie mußte in eine Anstalt, in der sie über eineinhalb Jahre blieb. Täglich achtzig Franken, nebst zerbrochenem Geschirr und zerrissenen Kitteln. So stand es brutal da, und Maxe rechnete später einmal aus, daß wir für weit weniger den schönen Verlag noch über eineinhalbmal hätten retten können.

Um sechs Uhr kam mein Mann zurück, packte die Koffer zu Ende und mich in warme Sachen, so daß wir um sieben die Wohnung verlassen konnten. Eine Taxe, die meiner Schmerzen wegen nur sehr langsam fahren durfte, brachte uns gerade noch an den Zug, wo wir unsere vorsorglich reservierten Plätze in dem einzigen ungeheizten Wagen fanden. Und das war am kältesten Tage des Winters 1927. In Stettin legte mein Mann mich in das heißeste Bad meines Lebens, und am Morgen war ich gesund, auch ohne Doktor. Wahrscheinlich weil die Probe auf neun Uhr angesetzt war und ich die Bühne vorzubereiten hatte.

Es war in jenen gesegneten Jahren, da jedes Theater, das auch nur ein weniges auf sich hielt, ein kubistisches Pferd, einen futuristischen Esel, expressionistische Bäume und bunte Würfel besaß, aber nicht einen einzigen profanen Stuhl. Was hier für uns aufgebaut war, glich bestenfalls einer türkischen Badeanstalt, aber keinem Gerichtssaal, der sich zum Überfluß weder von einem Theaterbüro noch von einer Bibliothek oder einem Atelier unterschied. Ich ging in die Direktion, ließ mir die Abonnentenliste geben und hängte mich ans Telefon. Um zehn Uhr hatte ich vom Apotheker einen Teppich, von der Weingroßhandlung eine Stehlampe und zwei Fauteuils, vom Café acht Stühle und drei Tische, vom Antiquitätenhändler ein Spitzentuch, von der Buchhandlung einen Kubikmeter Bücher, vom Handarbeitsgeschäft einen Blumentopf, den wir als Sektkübel benutzen konnten, von der Landesbank drei große grüne Tischdecken und aus dem Theaterbüro einen Schreibtisch und eine Bettlampe. Mit Hilfe dieser Herrlichkeiten war meine Bühne um halb zwölf fertig. In der Zwischenzeit hatte die ganze Belegschaft die regenbogenfarbenen Wellen auf den Kulissen einheitlich überstreichen müssen. Alles staunte, wie schön diese Dekoration sei, im Vergleich zu den sonst violetten, grünen und gelben Würfeln, auf denen man damals hockte, die man aber auch zusammenbauen konnte zu Schränken, Betten, Podesten und Treppen, kurz zu allem, was man sich vorstellen konnte, so daß man sich dann gar nichts mehr darunter vorstellen konnte. Alles blieb der Phantasie des Zuschauers überlassen.

Wenn man lange genug darüber nachdenkt, kommt man drauf, *wie* genial diese Idee war! Dabei so billig und, nicht zu vergessen, fortschrittlich, modern! Die Kritik nannte das »raumbildend«, »überzeugend«, »geballt«! Und allein diese an sich einfachen Würfelchen waren imstande, diese gewaltigen Attribute auch dem Autor und seinem Stück zu sichern.

Am Mittag rückte dann noch die Feuerwehr mit ihrer langen Leiter an, weil der Oberbeleuchter Anzeige erstatten mußte, wegen eines Scheinwerfers, den ich zu nahe an eine Soffitte hängen ließ. Einen halben Meter mußte sie, der Vorschrift nach, entfernt sein. Ich glaubte, es wären sogar dreiviertel Meter.

»Warum wollen Sie den Scheinwerfer nicht etwas nach rückwärts schieben lassen?« fragte der Oberbeleuchter. »Weil mein Mann eine zu lange Nase hat, wenn das Licht senkrecht auf seinen Scheitel fällt anstatt von vorn auf seine Stirn.«

»Bedaure, wenn Herr Goetz eine zu lange Nase hat, dann muß das die Feuerwehr entscheiden.«

Mit einem Zollstock bewaffnet, kletterte der Herr Oberinspektor auf seiner Leiter meinem Scheinwerfer entgegen, der dann hängenbleiben durfte, worauf wir gemeinsam zum Essen gingen, mit der Belegschaft, dem Oberbeleuchter und dem Oberinspektor. Um ein Uhr kamen wir wieder zum Theater, um endlich – zum erstenmal vollzählig mit Dekoration und Requisiten – »unter uns und in Ruhe« probieren zu können.

Die Straße, gerade vor dem Theatereingang, war schwarz von Leuten.

»Was ist da los? So ein Ansturm an die Kasse?« scherzte mein Mann.

»Aber wo, Herr Goetz«, sagte der Inspizient, »wir waren gestern schon ausverkauft für alle drei Tage, sonst hätten wir die Frau Gemahlin ja nicht so herumfuhrwerken lassen auf unserer Bühne.«

»Aber was ist da passiert? Feuer? Ein Wasserrohrbruch? Ein Lustmord?«

»Liewa Herr Joetz«, sagte einer aus der Menge, als wir näher kamen, »da müssen Se awer viel früher uffstehn, wenn Se uns, de Bealina Presse, hinterjehn wolln!« Und dann wurde geknipst und gefragt ohne Ende, und unsere einzige ruhige Probe war bummsdicke voll, und auch die Blätter am nächsten Tag waren voller, als wenn wir in Berlin gestartet wären! Denn daß man *nicht* in Berlin startete, war für Berlin eine Sensation mehr!

DIE URAUFFÜHRUNG

Der Schauplatz des Vorspieles zu »Hokuspokus« ist das ungeheizte Büro eines völlig pleitegegangenen Theaterdirektors, also wahrheitsgetreu, naturalistisch. Eine letzte kleine schäbige Lampe brennt auf dem Schreibtisch. Hermann Vallentin als dieser zusammengebrochene Theaterdirektor hat schlotternd, in seinen Mantel gehüllt, aufzutreten und zu den auf der Bühne Versammelten zu sagen: »Guten Abend, meine Herren.«

Männe war aber so aufgeregt, daß er sich irrte und sagte: »Guten Morgen, meine Herren.« Maxe, als Kritiker Knorr, der auf einer Seite von Walther Steinbeck, als Justizrat, gestützt, auf der anderen von meinem Mann, als Dramaturg Dr. Dummrian, mehr getragen als gehalten wurde – sonst wäre Maxe umgefallen, denn er hatte eine ganze Flasche Kognak eingeflößt bekommen gegen seine Grippe –, begann zu schwanken, zu zittern und dann mit todernstem Gesicht zu lachen. Männe stierte ihn an, guckte dann dorthin, wo Maxens Augen hingingen, nämlich auf die leuchtende Schreibtischlampe, verstand, suchte sich schnell zu verbessern und sagte laut, deutlich und ärgerlich: »Wollte sagen, guten A . . . Mo . . . Mahlzeit!«

Damit war für uns der Bann gebrochen! Wir lachten hemmungslos, wie nur Schauspieler auf der Bühne lachen können, deren Nerven bereits am Boden schleifen. Das Publikum lachte aus vollem Halse mit. Und es hörte nicht mehr auf zu lachen, bis der Vorhang endgültig gefallen war. Ein Erfolg, wie ihn nur ein irrsinnig gewordener Theaterdirektor erträumen kann!

28 Vorhänge notierte Maxe. Erst um halb zwölf kamen wir in unser Hotel, weil unsere Berliner Presse so viel zu fragen hatte und weil die Direktoren von Rostock, Schwerin, Bremen und Bremerhaven, die natürlich persönlich und gleich zur Uraufführung gekommen waren, sich stritten um die nächsten Abende. Als wir dann endlich bei einer Scholle saßen, so herrlich frisch, wie es sie nur an der Waterkant gibt, sagte mein Mann:

»Alles gut und schön, Kinder! Stettin! Morgen sind wir in Rostock und übermorgen in Bremen. Erst dann können wir uns ein Urteil bilden.«

In Bremen hatten wir 46 Vorhänge.

Aber in allen diesen Städten mußten wir »Hokuspokus« unter

einem anderen Titel spielen. Jeder der Herren Dramaturgen dieser Bühnen fand »Hokuspokus« *unmöglich*, man könne sich nichts darunter vorstellen, und »Hokuspokus« würde keinen Hund ins Theater locken. In Rostock hieß unser Stück »Die Mücke und der Elefant«, in Schwerin »Das Tier im Leimtopf«, in Bremerhaven »Dr. Dummrian hat das Wort« und in Bremen »Das Kleisterälchen«. Ich glaubte schon damals nicht, daß das Publikum eines Titels wegen ins Theater kommen würde, wäre er auch noch so aufschlußreich wie das »Kleisterälchen«, weiß doch jeder Mensch, was das ist, sondern einzig wegen des Namens, an den der geneigte Leser jetzt auch denkt. Erst in Hannover, nachdem sich der sensationelle Erfolg herumgesprochen hatte, durfte mein Mann sein Stück wieder schlicht »Hokuspokus« nennen, und alles fand den Titel einfach großartig!

Die Berliner Direktoren folgten uns wie ein Kometenschweif seinem Stern.

Da waren die Brüder Rotter gleich in Rostock mit riesigen Orchideenarrangements, da kam Direktor Saltenburg nach Schwerin, der mir einen Rosenstrauß überreichte, in dem ein Rubinring versteckt war. Da war Direktor Robert nach Bremen gefahren mit einer viel zu kleinen Bonbonniere. Er war bekannt als sparsam und reich. Von ihm ging die Sage, daß Herr Nielk ihm vorgeschlagen hätte, ihn zu adoptieren:

»Sie haben keine Frau, lieber Direktor, keine Kinder, keine Erben, wie wär's . . .?«

»Ich habä mier dos übärleegt«, sagte Direktor Robert tags darauf in seinem gedehntesten ungarischen Dialekt, »und ich habä mich äntschlossän, Sie zu überleebän!«

Barnowsky tauchte fast in jeder Stadt auf und brachte nach Bremerhaven ein silbernes Kaffeeservice mit, das schon zur Uraufführung hätte graviert sein sollen, aber der Juwelier hatte ihn im Stich gelassen, wie das schon so ist, gerade wenn es einem einmal wirklich darauf ankommt, denn er, Barnowsky, wäre vom ersten Moment an felsenfest von »Hokuspokus« überzeugt gewesen.

»Wie Sie das wieder geschmissen haben, mein lieber Goetz! Wie das klappt, wie das läuft! Vallentin war überhaupt noch nie so gut, Steinbeck großartig, klar und stark, Kaufmann unglaublich diskret! Alle! Jeder einzelne! Ihr kleiner Vetter Winter, hinreißend! Na und Ihre Frau, angezogen wie aus Paris, und wie sie das spielt! Eine Dame! Und wie Sie beide diesen feinen dänischen Dialekt sprechen! Wo haben Sie das nur her? Und ganz genial ist der Einfall mit der zweigeteilten Bühne am Anfang, was den Umbau erspart. Aber die Hauptsache ist Ihr Stück, lieber Goetz. Man weiß doch wirklich bis zum Schluß nicht, wie das ausgehen soll. Großartig! Wie ist das möglich?«

»Das will ich Ihnen verraten. Das kommt daher, weil ich die Lösung selber noch nicht wußte, als ich den Knoten schürzte.«

»Das ist interessant. Das verstehe ich nicht. Erzählen Sie, wie schreibt man so ein Stück?«

»Ich sagte mir: Ich habe in Merligen am Thuner See eine herrliche Besitzung gekauft, für die ich nur die Anzahlungssumme erlegen konnte. Diese herrliche Besitzung gehört erst dann mir, wenn ich sie ganz bezahlt haben werde. Ich muß also Geld verdienen und viel Geld verdienen. Womit kann man das heutzutage in unserem Metier? Mit einem Reißer! Ein Reißer ist etwas sehr Schönes, überlegte ich, wenn es ein *guter* Reißer ist. Ich kaufte mir zuerst einmal *gelbe*s Papier und legte es auf den Schreibtisch vor mich hin. Das sah schon nicht ganz so beängstigend leer aus wie ein weißes Blatt.

Nun fragte ich mich: Was wäre ein schönes Bild, beim Aufgehen des Vorhanges? Zwei Herren im Frack ... am Kaminfeuer ... bei Nacht. Gut. Was muß einer sagen, damit alles gleich zuhört? Darüber ging ich viele Tage mit mir spazieren.

›Ich werde heute nacht ermordet werden!‹

Das ist so verrückt, daß jeder im Publikum zuhören muß, und das ist so absurd, daß es mich als Autor interessiert, zu finden, was der andere darauf antworten könnte.

Ich glaube, das ist überhaupt ein Geheimnis des Schriftstellers: Er will sich selbst unterhalten, er spannt sich selber beim Schreiben. Sobald ich mich selber langweile beim Schreiben, muß es den anderen auch langweilen beim Zuhören, und wenn ich mich beim Schreiben unterhalte, unterhält sich dann auch das Publikum. Das sogenannte Talent ist, glaube ich, der höhere oder niedere Grad der Ansprüche, die man an sich stellt, der Grad des Geschmackes, den man dabei entwickelt. Wie unsere gute Toni sagt: ›Gut kochen, is es gute Schmack haben.‹ Gut schreiben, spielen, singen, tanzen, malen, ist guten Geschmack haben in der Betätigung, deren Technik man beherrscht. Und alles Technische kann jeder mit Fleiß auch ohne Talent beherrschen lernen. Doch das nur in Parenthese.

Nun hatte ich die zwei Herren im Frack auf der Bühne sitzen, von denen der eine sagt: ›Ich werde heute nacht ermordet werden.‹ Wenn das irgendein Herr sagt, ist das spannend. Wenn das ein Herr der hohen Gerichtsbarkeit sagt, ist das schon dichter und spannender. Und wenn das ein Richter sagt, noch dazu in der Nacht vor einem Mordprozeß, dem er zu präsidieren hat, dann ist das ›gedichtet‹ und aufs höchste spannend. Und ich, als Autor, bin damit auch schon ›eingespannt‹. Ich habe mich in diesem Stücke tatsächlich auf Abenteuer an den Schreibtisch gesetzt und habe mich von Idee zu Idee, von Satz zu

Satz vorangetastet. Und immer, wenn ich nicht weiter wußte, schrieb ich hin: Es klopft! Da *mußte* mir wieder etwas einfallen! Nach dem zweiten Aktschluß hatte ich selber keine Ahnung, wie ich die Geschichte weiterführen würde, wie ich aus den Schlingen, die ich mir da gelegt hatte, herauskäme. Ich selber wußte nicht, wer der Mörder sein wird. Und weil ich das selber nicht wußte, deshalb konnte ich mich auch vorher nirgends verraten, was jeder Autor unweigerlich an irgendeiner winzigen Stelle tut, wenn er den Ausgang seiner Geschichte kennt. Ich suche seit Jahren nach einer Kriminalgeschichte, von der ich nicht schon im ersten Zehntel sagen kann, wie sie ausgehen wird und ausgehen muß. Vorausgesetzt, es handelt sich um einen Schriftsteller und nicht um einen Dilettanten, der mich aufs Eis führt.«

»Also, mein lieber Goetz, diesmal haben Sie sich selbst übertroffen, und ich bin sicher, daß Sie nie mehr im Leben etwas annähernd so Gutes schreiben werden.«

»Ein echter Barnowsky, wenn ich das sagen darf, lieber Direktor, aber mich fordert so etwas heraus zu neuen Taten.«

»Nein, wirklich, ich glaube wirklich nicht, daß es Ihnen je wieder gelingen wird ... aber lassen wir das ... wann fangen Sie bei mir an?«

Und Maxe schloß für diese Saison auf 100 Abende ab und für die nächste auf 250, vom 15. September 1927 bis zum 15. März 1928, bei Pappi im Komödienhaus am Schiffbauerdamm, und plante anschließend eine große Tournee.

Nach dem Gastspiel in Hannover fuhren wir also gleich wieder nach Hause, wo dann am 20. Februar die Berliner Premiere vonstatten gehen sollte.

Barnowsky hatte das Stück nun zum x-ten Male gesehen und war ruhig und sicher wie wir alle. Nur am Nachmittag vor der Premiere, gerade als wir uns schnell noch etwas ausschlafen wollten, rief er an:

»Mein lieber, lieber Goetz, ich habe mir da einige Notizen gemacht, wie wir vielleicht doch noch einzelnes verbessern könnten! Also, wenn Sie es mir nicht übelnehmen?«

»Im Gegenteil, lieber Direktor, mir hat die ganze Zeit schon etwas gefehlt!«

»Ich glaube, lieber Goetz, wir sollten Ihre Frau anders anziehen.«

»Aha!«

»Und ich denke, Sie beide sollten Ihren dänischen Akzent weglassen.«

»Warum, Herr Direktor?«

»Das kann ich nicht sagen. Das muß man fühlen, lieber Goetz!«

»Gerade der hat Ihnen doch so gefallen.«

»In Rostock und Schwerin! Aber für Berlin ...?«

»Noch etwas, Herr Direktor?«

»Ja. Abgesehen davon, daß mir der Steinbeck zu deutlich ist, zu aufdringlich und Kaufmann etwas zu blaß – der müßte viel mehr »Kerr« sein, so mutig römisch eins, römisch zwei, Sie verstehen –, gefällt mir die geteilte Bühne zu Anfang nicht mehr. Wir sollten dieses Direktionsbüro über die ganze Bühne gehen lassen und dann umbauen für die Bibliothek ...«

»Aber lieber Direktor Barnowsky! Das Vorspiel darf doch nur vorüberfliegen, als Scherz. Eine Pause danach macht es schwer, kaputt, für mein Empfinden.«

»Mein lieber Goetz, warten Sie ab! Ich habe da eine großartige Idee: Wir bauen *mein* Büro, genauso wie es ist, au... autarkisch, bis ins Kleinste autarkisch. Was sagen Sie jetzt?«

»Wenn ich nicht wütend wäre, so wäre ich authentisch sprachlos!«

»Lieber Goetz, Sie müssen die Sache durchdenken! Stellen Sie sich vor, jeder, der schon in meinem Büro war, erkennt es wieder und freut sich.«

»Wieso? Aber bitte weiter. Noch etwas?«

»Das wäre im Moment alles, lieber Goetz: Die Kostüme Ihrer Frau, der Akzent, Steinbeck und Kaufmann, die Bühne im Vorspiel. Ja, das wäre es. Aber bitte, sagen Sie etwas Besseres, lieber Goetz.«

»Ich finde Ihre Einwände überzeugend, lieber Direktor, und ich schlage Ihnen vor: Wir spielen heute abend unsere gute alte ›Tote Tante‹, die kennt jeder, da lacht jeder, und Sie sind alle Sorgen los!«

»Ein echter Goetz, lieber Goetz! Ich sagte Ihnen das alles ja nur, damit Sie mir nachher nicht den Vorwurf machen, daß ich es Ihnen nicht rechtzeitig gesagt hätte.«

»Rechtzeitig ist gut!«

»Ja, lieber Goetz, also ich sehe schon, wir lassen alles, wie es ist, es geht natürlich auch so, nur in einer Sache werden Sie mir recht geben *müssen:* Ob wir den Kritiker Knorr nicht streichen sollten!«

»Deshalb ist das Vorspiel doch geschrieben!«

»Stellen Sie sich vor, unten im Parkett sitzt Kerr, und auf der Bühne sitzt er noch einmal.«

»Das habe ich mir schon beim Schreiben vorgestellt. Das ist doch der Witz!«

»Und den nimmt er uns übel.«

»Das müssen wir riskieren.«

»Und seine Kritik?«

»Da bräuchte er nur zu bemerken, daß ich es ihm diesmal bequem gemacht und er von meiner Kritik nichts wegzulassen und ihr nichts hinzuzufügen hätte.«

»Großartig, lieber Goetz! Wenn er sich aber beleidigt fühlt?«

»Dann kann ich ihm auch nicht helfen!«

»Ich fürchte, lieber Goetz, ich fürchte ...«

»Das ist ein gutes Zeichen, lieber Direktor, und jetzt bitte lassen Sie uns noch ein paar restliche Minuten schlafen. Ich bin um sieben in meiner Garderobe, und wenn ich geschminkt bin, haben wir noch genügend Zeit, alle Ihre Verbesserungen vorzunehmen!«

Und damit hängte mein Mann an, und wir krochen unter die Decke.

»Seine Nerven möchte ich haben und Rothschilds Geld«, sagte er und fügte gleich hinzu: »Nein, meine Nerven sind mir lieber, und Rothschilds Geld möchte ich auch nicht. So glücklich wie wir ist der nicht. Ich liebe mein Leben und möchte mit niemand tauschen. Nur frei sein müßte man endlich, damit man sich nicht fünf Minuten vor der Premiere solch einen Quatsch anhören muß! *Ankommen* müssen wir jetzt bald, *ankommen!*«

Und dann schliefen wir schnell noch ein Viertelstündchen, »löffelchenweise«, wie die Löffelchen im Besteckkasten so schön parallel, ganz ruhig und geborgen, bis Toni uns weckte mit den Worten: »Komm i grad von heiligen Antonius. Mi ham me sich schon gfreit, daß Arbeit und Heschaftn bald Ende haben und jetzt geht's es wieder los.«

DIE BERLINER PREMIERE

Was das bedeutete, das kann man sich heute nicht mehr vorstellen. Abgesehen von dem Bild, von der äußeren Pracht, die jeder, der da kam, dem Theater schuldig zu sein glaubte, war da eine innere Bereitschaft, die alles nur Halbgute im Nu verdammte und alles Gute auskostete bis auf den Grund und es in den höchsten Himmel hob. Eine Pointe konnte man gar nicht so knapp bringen, als daß die Berliner sie nicht schon vorher verlacht hätten. Sie kannten eben ihre Lieblinge auswendig und wußten, was mein Mann sagen wollte, ehe er es sagte. Das war auf Schritt und Tritt ein Wettlauf, den man um Zehntel-Nasenlängen gewinnen mußte, um die letzte Silbe noch anbringen zu können, ehe sie im Gebrause des Gelächters unterging. Wie Sturzwellen schlugen die Lacher über einem zusammen, die sich nur von gespanntester Totenstille oder Applausraketen unterbrechen ließen. Was sich da tat, war »der Rausch des Tages« für jeden, der gekommen war, und besonders für die, die da oben standen. Man wußte so deutlich, warum man sie so heiß und innig liebte. Dieses Theater und dieses Publikum! Mit niemand auf der Welt hätte man tauschen wollen, wenn man die Nerven derer da unten bis in die Fingerspitzen spürte und auf ihnen spielen konnte wie auf einem Instrument. Die Misch- und Mitteltöne sind es, die man am meisten genießt, die diese Spannung bringen und nach Auflösung drängen. Dieses Spazieren auf des Messers Schneide, zwischen Ernst und Heiterkeit, dieses Seiltanzen, das Wandeln am Abgrund entlang!

Barnowsky verlor völlig den Kopf vor Begeisterung, angesteckt von der Stimmung im Hause und dem brausenden Erfolg. Er schoß hin und her und rief wie in einer Trance, ob mein Mann nun in seiner Nähe war oder nicht:

»Was habe ich gesagt, lieber Goetz, was habe ich gesagt!«

In der großen Pause, als wir Schauspieler alle glücklich um meinen Mann saßen und jeder sein Glas Sekt trank, öffnete sich die Tür. Unser Verleger, der feine Herr Bloch, trat ein. Das heißt, er wollte eintreten, als eine sonderbare Figur sich vor ihn schob. Eine Art Dandy, wie man sie von alten Witzblättern her kennt, mit leise negroidem Einschlag, breit lachend, im Frack, den Zylinder schief auf dem Kopfe, ein Stöckchen in der Hand, Brillanten an allen Fingern und Brillanten als Hemdknöpfchen. Wir haben viel später in New

Orleans noch einmal eine solche Figur gesehen. Den Wirt eines kleinen exklusiven Restaurants, der unseren jetzigen Besucher nur darin übertraf, daß er auch überall, wo ein Frackanzug Knöpfe hat, Brillanten trug, wobei er trotz modernsten Schnittes auf Reißverschlüsse zugunsten des Dekors verzichtet zu haben schien.

»Dem Sägen uollen Sie Ihr scheenes Stick geben«, sagte unser Dandy in einem amerikanischen Mischmasch und zeigte mit seinem von Brillanten glitzernden Stockknauf geringschätzig auf unseren verlegenen Verleger, dessen Gast er war. »Jenner hat hundert Stickl, die er verkaufen uil. Ich aber, ich nemme nur Ihren Stick unter mein Arm und von dem Moment, uenn ich mein Fuß auf den Peer setze in New York, sage ich nix ui Hokuspokus, Hokuspokus, Hokuspokus! Und dann fahren ich mit Zug nach Chicago, San Francisco und Hollywood und mache am Loukamoutiv einen riesengroßen Plakat ›Hokuspokus‹. Meine Tochter Esther schicken ich nach London. Dasselbe. Alles immer nur Hokuspokus, Hokuspokus, Hokuspokus. Da schaun Sie den Photograph von meine Esther!« Er zog ein Bild unter Glas im Silberrahmen aus seiner Brusttasche. Auf dem Photo stand: »Mein liebsten Vater von seine Tochter. 1926.«

Der dritte Akt wurde eingeklingelt.

»Iberlegen Sie nix lang«, sagte unser Dandy, als er sich verabschiedete und »danke schenn und bye, bye auf Uidersenn!« Das war Herr Rachmann, der gewaltigste Agent in Amerika. Und das wäre es gewesen! Aber wir waren dazu nicht *reif*! Ein Stück mußte sich durch seine Qualität, durch seinen Wert, durch das Echo, das es hervorrief, durch Kasseneinnahmen allenfalls, durchsetzen, doch nicht durch marktschreierische Anpreisung im vorhinein! Nein, das lag nicht auf der Linie meines Mannes. Und ich bin sicher, auch wenn Rachmann nicht so bald nach unserer Begegnung gestorben wäre, auch wenn er das Stück noch irgendwie in die Hand bekommen hätte, es wäre damals in USA doch etwas dazwischen gekommen, denn mein Mann mußte »alles dreimal sagen«. Das war erst das erstemal gewesen, daß eine Verbindung zu Amerika möglich schien.

»Halt, halt, alles halt!« raste Barnowsky atemlos hin und her. »Noch nicht anfangen! Das Publikum ist noch lange nicht drin! Im Foyer werden überall Wetten abgeschlossen, wer der Mörder ist. Was habe ich gesagt, lieber Goetz, was habe ich gesagt! Wir müssen mindestens noch fünfzehn Minuten warten! Werden Sie nur nicht nervös! Was habe ich gesagt, lieber Goetz, was habe ich gesagt!«

Und die Berliner Kritik! Keiner der großen Herren wollte den Inhalt des Stückes preisgeben und das Ende verraten. Das freute meinen Mann damals am meisten, weil es so überlegt liebevoll war!

Und dann lief jeden Tag die Vorstellung ab. Abend für Abend versammelten wir uns um meinen Mann, um *seine* Kritik zu hören. Dem einen sagte er, wo er zu fest zu werden drohte, dem anderen, was er zu leicht nähme:

»Jeden Abend müssen wir uns neu machen, Kinder! Jeder da unten will *seine* Premiere haben!«

Und an mir wußte er natürlich am meisten auszusetzen, denn ich war noch nicht so lange in der Berliner Schule wie die andern, und mich wollte er eben perfekt haben. Es gab auch keinen Abend, seit ich ihn kannte, an dem ich nicht jedes Wort von ihm belauschte und ihm jede Minute zusah, auch wenn ich nicht auf der Bühne war. Und je mehr ich ihn zu ergründen suchte, desto rätselhafter wurde mir seine Kunst, seine Leichtigkeit, die so hintergründig war. Und je mehr ich lernte und je mehr ich wußte und konnte, desto größer empfand ich den Abstand zwischen ihm und mir, und ich genoß ihn.

Barnowsky scheffelte das Geld, daß es eine Wonne war. Da ich im Vorspiel die Kassiererin zu sein hatte, kam er einmal auf die Idee, mich versteckt in die Kasse zu setzen, um den allabendlichen Kampf sehen zu können.

Die Leute drängten sich um das geschlossene Fensterchen: »Fräulein, Sie haben da noch eine Karte stecken!« — »Das ist der 6. Platz in der Proszeniumsloge! Da können Sie nicht sitzen, nischt sehen und nischt hören, den kann ich Ihnen nicht ...« Und ehe die Kassiererin ausgesprochen hatte, rief ein Herr von weiter hinten: »Ick zahle Ihn'n det Doppelte, jeb'n Se her!«

Und wenn wir von unserer Schweizer Gesandtschaft eingeladen waren, dann erzählte uns der Chauffeur, der uns abholen kam, daß er täglich um Karten anstehen müsse und sie immer nur für die sechste Woche bekäme.

Und wenn wir nach der Vorstellung zu Peltzer, zu Horcher, zu Schlichter, ins Adlon oder ins Kindl kamen, überall stand alles auf und applaudierte uns noch einmal zu. »Schnauzi«, sagte dann mein Mann, dieser große Lebenskünstler, ganz leise, »genieße das, mein Kleines, vielleicht erleben wir das nie wieder!« Wir genossen jeden Erfolg, als ob es der letzte wäre, denn daß noch so viele nachkommen würden, und größere, das stand nur in den Sternen.

Es dürfte einmalig in der Theatergeschichte sein, daß ein Schauspieler für »Nichtauftreten« Geld bekommt. Direktor Doktor Beer vom Deutschen Volkstheater in Wien — unter uns Kollegen hatte er den Spitznamen »der Elevenbändiger«, da er alte und älteste Rollen mit seinen Eleven zu besetzen beliebte — wollte 20 000 Mark auf den

Tisch des Hauses legen, »wenn Sie *nicht* bei mir gastieren, Herr Goetz, und ich das Stück selber spielen darf!« Daß mein Mann liebend gerne annahm und Maxe schnellstens einzuwilligen befahl, zumal wir für die nächsten Jahre sowieso überbesetzt schienen, versteht sich. Aber es war Maxens Sache, Geschäfte abzuschließen, und der wollte seinen Spaß haben!

»Mein lieber Direktor Beer«, sagte er ihm, wie uns später zu Ohren kam, »ich glaube kaum, daß Curt darauf eingehen wird. Sie wissen ja, die Frau! Vallcheri spielt diese Rolle so leidenschaftlich gern und jetzt soll sie gerade in Wien auf ihren Erfolg verzichten? Ich sehe für Sie nur einen Hoffnungsschimmer! Gucken Sie sich mit mir das Schaufenster an, vor dem Vallcheri gestern so sehnsüchtig etwas bewundert hat. Vielleicht schaffen Sie es damit. Und wenn ich dann noch eine Kiste Havannas für mich bekomme, dann ... könnte ich vielleicht versuchen, den Curt zu überreden! Aber leicht wird das nicht sein!« Da es kurz vor Weihnachten war, lag dann unter dem Baum ein Etui und in diesem »mein Perlenbandeau« mit einem herrlich gefaßten Goldtopastropfen, meinem Monatsstein! Und dabei lag ein Kärtchen:

»In Liebe, für das, was Du für mich getan!

Dein Rudi.«

Meines Mannes Herumraten und meine verzweifelte Verlegenheit — wie das schon so ist, wenn man wirklich keine Ahnung hat — waren Maxens schönstes Weihnachtsgeschenk. Mein Mann rief noch in derselben Nacht Direktor Beer an und entschuldigte sich für seinen erpresserischen Freund, aber Doktor Beer, der seinen Rechtsanwalt gemacht hatte, war überglücklich, diesen Rechtsanwalt selbst spielen zu können, so daß er Maxe sagen ließ, er sei sehr untüchtig, denn er hätte mindestens das Doppelte verlangen können! Und im übrigen hätte er ihn jetzt wegen Dokumentenfälschung für die nächsten Jahre in der Hand.

Im März kamen Abende, an denen wir deutlich merkten, daß wir eine Pause nötig hatten. Es ist eine Nervenanstrengung, Hunderte von Malen das gleiche Stück ununterbrochen hintereinander zu spielen und sich jeden Abend neu zu machen, sich jeden Abend von den Worten des Partners überraschen zu lassen, jeden Abend, jedes Wort, das man spricht, mitzufühlen, damit es ja nicht leer wird. Bis zur 300. Vorstellung geht so etwas, von da ab aber ist es nicht mehr so einfach. Es passierte uns, daß wir hängenblieben, nicht wußten, ob dieser Satz uns noch von gestern in den Ohren lag, ob er jetzt dran war oder erst morgen wieder kommen müßte. Manchmal warfen wir schnell einen Blick auf unsere Kleidung, um festzustellen, in welchem Akt wir standen. Wir waren heilfroh, daß das Gastspiel zu Ende ging und uns eine ganze Woche Ferien winkten.

Aber Barnowsky suchte noch immer nach einem Stück, das sich unserem anschließen sollte.

»Lieber Goetz, Sie werden mich doch nicht im Stich lassen!«

»Ich kann nicht mehr«, sagte mein Mann.

»Nach diesem Erfolg, muß ich sagen, wäre es geradezu eine Treulosigkeit, Ihren alten Direktor so in der Luft hängen zu lassen.«

»Mein lieber alter Direktor, ich kann wirklich nicht mehr. Jetzt spiele ich das Stück bei Ihnen zum 350. Male, die zehn Abende in Stettin, Rostock und so weiter macht 360 mal, vorher die Proben, und dazu kommt, daß ich das Stück geschrieben habe. Es hängt mir zum Halse heraus!«

»Dann mache ich Ihnen einen Vorschlag, lieber Goetz: Spielen wir noch fünfzigmal die ›Tote Tante‹.«

»Ausgeschlossen!« warf Maxe dazwischen. »Ich habe die Tournee fix und fertig! Alles fest abgeschlossen.« – »Das, mein lieber Kaufmann, überlassen Sie mir; das richtet Ihnen Victor Barnowsky.«

»ANKOMMEN!«

Und wirklich kriegte es Barnowsky fertig, alle unsere festgelegten Daten hinauszuschieben, und wir spielten wieder unsere »Tote Tante« bis Ende April und genossen sie wie ein lauwarmes Bad nach der Sauna. Und es war kein glücklicherer Mensch unter der Sonne als unser Pappi Barnowsky!

Es gab keinen Abend, an dem er nicht in seiner Loge saß, im »Märchen« sein Taschentuch verstohlen an die Augen führte bei jener Stelle gegen Ende des Stückes, auf die es uns ankam, keinen Abend, wo er nicht in der Pause danach einen stummen Kuß auf meine Stirn zu drücken kam und dabei meinem Mann auf die Schulter klopfte mit einem umflorten »Curtchen«! Keinen Abend gab es, an dem er in der »Toten Tante« sich nicht nach vorn und hinten und rechts und links bog vor Lachen und uns nach der Vorstellung mindestens eine Stunde lang festnagelte, um Nuancen zu zergliedern, die er wieder neu entdeckt hatte!

Unsere Wohnung hielt er in einen Blumenladen verwandelt, und ich hätte leicht eine Parfümerie eröffnen oder Sarotti Konkurrenz machen können. Er wußte einfach nicht, was er tun sollte, um uns zu zeigen, wie glücklich er mit uns war.

Aber endlich *mußte* Pappi ein Stück entdecken, um es nach unserem ansetzen zu können, denn unsere Verpflichtungen waren nun nicht mehr hinauszuschieben. Wir wären zu weit in den Sommer gekommen.

Barnowsky entdeckte ein Stück. Er versprach sich sogar viel davon, nicht zuletzt, weil dessen Autor auch Kurt hieß.

»Ich kann es mir diesmal zwar nicht denken«, sagte mein Mann bedächtig und schmunzelnd zu Maxe und mir, »aber ich fühle es bis in die Fingerspitzen, daß unser guter Pappi sich auch diesmal wieder wandeln könnte. Schätzchen, du versprichst mir, was immer auch geschehen mag, dich nicht zu ärgern oder gar zu kränken.«

Das verstand ich nicht. Was sollte denn geschehen? Barnowsky saß nicht mehr in seiner Loge. Das war nur verständlich. Eine Premiere gibt weiß Gott zu tun! Pappi rief nicht mehr an und kam auch nicht mehr. Begreiflich. Der hatte den Kopf voll neuer Probleme!

Aber darüber hinaus — so erzählte uns Maxe — erschien auch die Kassiererin nach dem zweiten Akt nicht mehr, um ihm vertragsgemäß die Abrechnung und die Gage zu überbringen.

Er ließ sich das ein paar Tage gefallen. Dann aber rief er in der großen Pause einmal ganz vorsichtig ins Büro hinauf:

»Fräuleinchen, hier spricht Max Kaufmann. Die Kasse bitte.«

»Die ist längst gegangen, Herr Kaufmann.«

»Könnte ich Pappi sprechen, Fräulein?«

»Moment, Herr Kaufmann, da muß ich schnell fragen.«

»Bitte!«

»Herr Kaufmann, Herr Direktor Barnowsky darf nicht gestört werden, aber ...«

Dafür kam Herr Direktorstellvertreter an den Apparat.

»Ja, Herr Kaufmann?«

»Mein Lieber, ich habe schon zehn Tage keine Abrechnung gesehen. Es ist ja nicht wegen des Geldes, aber ich warte jeden Abend nach der Vorstellung immer noch mindestens eine halbe Stunde auf euch. Ihr könntet es mir doch wenigstens sagen lassen, wenn etwas dazwischen gekommen ist.«

»Einen Moment, Herr Kaufmann, ich frage gleich mal ...«, kam es zaghaft zurück.

»Bitte sehr, ich warte.«

»Hallo? Sind Sie noch da, Herr Kaufmann?«

»Bitte.«

»Herr Direktor Barnowsky läßt sagen, daß er anders über das Geld verfügt hat.«

»*Wie* bitte?«

»Und ich soll mich mit Ihnen in keine Diskussion einlassen.«

»Dann sagen Sie bitte Herrn Direktor Barnowsky, daß ich auch anders verfüge und den letzten Akt heute nicht mehr spielen lasse.«

Darauf kam besagter Direktorstellvertreter in die Garderobe gestürzt und beschwor Max, über seine Verfügung doch wieder anders zu verfügen und vielmals zu entschuldigen, und das Geld wäre morgen gewiß zur Stelle.

Das Geld war zur Stelle.

Auch Direktor Barnowsky erschien in der großen Pause und flötete gewohnterweise schon auf dem Korridor sein:

»*Curtchen!*«

»Ja, Herr Direktor«, rief ich zurück und öffnete die Tür, da ich zum Auftritt gerade bereit war.

»Ich meine doch nicht den Goetz«, sagte er in einem eiskalten Ton und stotterte dann etwas verlegen lächelnd weiter, »ich rief nach Kurtchen R., der mit dem Friseur wegen der Perücken in seinem neuen Stück sprechen wollte.«

Das war es, was mein Mann mir warnend angekündigt hatte. Da

stand er vor mir, dieser Barnowsky, in seiner ganzen Undankbarkeit, Vergeßlichkeit, Grausamkeit. Übergangslos. Und mir schossen die Tränen in die Augen. »Mit Sentiments kann man keine Geschäfte machen«, war eine von Barnowskys oft wiederkehrenden Sentenzen, an die er jetzt gedacht haben mochte. Ich war fassungslos, hilflos, daß er nach diesem beispiellosen Gastspiel meinen Mann, als ob alles nicht gewesen wäre, wegwischte, mit einer Handbewegung – erledigt, vorbei, ausgespielt!

Und über meine Tränen geriet mein Mann wiederum außer sich. »Ich habe dich doch gebeten, dir nichts nahegehen zu lassen. Ich habe dir weiß Gott genügend über Barnowsky erzählt!«

»Niemals! Immer nur komische Sachen!«

»Das *ist* doch komisch! Wer könnte das ernst nehmen? Und wenn, dann könnte man sich höchstens ärgern – nein, nicht einmal das, nur wundern – über dieses stratosphärische Ausmaß von Dummheit und Kurzsichtigkeit. Pappi müßte es sich jetzt ausrechnen können, daß er bei unserer nächsten Premiere wieder auf den Knien liegen wird.«

»Aber dann nie wieder bei Barnowsky«, sagte Maxe empört.

»Ganz falsch«, sagte mein Mann ruhig. »Man soll sich nicht festlegen, Maxe. Man läßt die Ereignisse an sich herankommen: Hic Rhodos, hic salta! Vielleicht paßt dir das Komödienhaus wieder einmal sehr gut in den Kram, vielleicht stimmt es dann gerade mit dem Termin oder der Bühnenausmaße wegen. Ich lasse mich auch in Geschäften immer ganz gern von meinen Gefühlen leiten. Nicht von Stimmungen allerdings! Ich hänge nun mal an Pappi mit einer Haß-Liebe. Ich habe hier viel gelernt, wenn auch nicht von ihm, so doch bei ihm. Und er kann hinreißend sein. Wie hat er uns diesmal wieder verwöhnt. Die Begeisterungsfähigkeit, deren er nun einmal fähig ist und die er dann auch so unumwunden zeigt, ist immer wieder entwaffnend. Vielleicht sehnen wir uns noch einmal nach so etwas.«

So sprach mein Mann, um mich zu beruhigen. Innerlich jedoch war er etwas angeschlagen, und in seinem Hirn, da hatte wieder einmal etwas geschnappt, genauso wie damals auf der ersten Berliner Probe unter Barnowskys Regie.

Abends, bei einem guten Glase Pfälzer in Stöckels Weinstuben am Kurfürstendamm, sagte er zu Maxe und mir:

»Kinder, ich glaube, jetzt ist es soweit, jetzt *fangen wir an!* Wir machen uns selbständig!«

Und dann ließ er die Ereignisse der ganzen Jahre Revue passieren:

Den Start in Berlin,

die erste Rolle, die ihm wieder abgenommen wurde von Barnowsky, der von Anfang an so erbarmungslos versuchte, ihn unterzukriegen, die nervenzermürbende Arbeit unter Pappis Regie, überstrahlt von der Freundschaft der großen Kollegen! Adalbert! Seine Hilfestellung von Anfang an,

Max Landa, dem er heimlich die Rollen zimmerte und der mit seiner hochgezogenen Braue einer der ersten war, die die schwindelnden Höhen des Filmstartums erklommen, und nie und nirgends zu betonen vergaß, wem er dies verdankte, Albert Bassermann, der Größte, der Geniale, von dem ein Julius Bab schrieb, mit wieviel Achtung und Liebe er über seine Kollegen spräche, aber von keinem mit solcher Zärtlichkeit wie von Curt Goetz.

Er erinnerte sich,

wie Barnowskys Benehmen sich ihm gegenüber mit einem Schlage änderte, nachdem er es mit einem Röllchen von einem einzigen Satze fertiggebracht hatte, Berlin von sich reden zu machen,

wie Barnowsky ihn den Julius Cäsar zu spielen breitschlug, um ihn dann fallenzulassen wie eine heiße Kartoffel,

wie ein vergessenes Monokel ihn mit Holländer und Reinhardt in Berührung brachte,

wie Barnowsky ihn dann wider Willen hinaufsteigern mußte in hohe und höchste Gagenstufen,

wie Pappi ihn endlich »nur unter Druck« als Autor zu Worte kommen ließ und ihm auch da von vornherein den Wind aus den Segeln zu nehmen versuchte!

Es war ein schwer erkaufter, aber großer Aufstieg.

»Kinder«, sagte er, »ich habe jetzt zwölf Jahre schweren Barnowsky auf dem Buckel. Das sollte genug sein für einen einzelnen! Jetzt machen wir uns selbständig! Jetzt *kommen wir an!*«

Freiheit war für meinen Mann das Ziel von jeher, und er verstand darunter das, was er dann sein Leben lang praktizierte: Zucht und Ordnung halten nach seinem eigenen Ermessen. Sich selbst die Zügel anlegen und die Grenzen stecken. Spielen und schreiben auf eigene Verantwortung, mit eigenen Ideen triumphieren oder zugrunde gehen. Und diesem Freiheitsideal opferte er später alle Machtpositionen, die ihm die Jahre nach 1933 boten, dieses Ideal ließ ihn den Dollars widerstehen, die Hollywood für ihn bereit hielt. Was hätte er für eine Stellung einnehmen können im öffentlichen Leben, durch Posten und Pöstchen aller Art, aber er zog es vor, in aller Stille *frei* zu sein.

Und jetzt sah er die Gelegenheit gekommen, den ersten Schritt zu tun.

Zu einem eigenen Unternehmen würde alles, was wir besaßen, aufs Spiel gesetzt werden müssen. Aber dafür hatten wir ja gespart! Die Kollegen waren auf Monate fest zu engagieren. Die Gelder für Gagen,

Diäten und Reisen mußten von Anfang an daliegen, denn man wußte ja nicht, ob genügend einkommen würde! Und natürlich wollte er »seine Schauspieler« bestens bezahlt wissen. Jedem bot er die doppelte Gage, die er sonst bezog. So hatte er es erträumt, und so sollte es sein!

Verträge würde es keine geben mit den Kollegen, genauso wie Onkel Emil Reubke, der Intendant in Dessau, es hielt. Als dieser zu Saisonbeginn einmal einen seiner Schauspieler vermißte, konnte er das gar nicht begreifen: »Ich habe ihm am Bahnhofe doch auf Wiedersehen gesagt!« Mit den Schauspielern würde also eine Absprache genügen und ein Händedruck. Nur die Theaterdirektoren, die mußten mit Verträgen festgenagelt werden!

So stellte Max mit der ihm eigenen Genauigkeit die erste Tournee zusammen, und so begannen wir eines schönen Tages unsere Reise ins Blaue, die trotz aller Arbeit und beladen mit Ereignissen schwerster und humorigster Art eine Reise ins Glück, in die Freiheit zu werden versprach.

Sie zu beschreiben soll meine Aufgabe im nächsten Bande sein, und dem geneigten Leser meinen Mann als »Chef« und »großen Gast« zu zeigen, meine Freude.

INHALT